MONIKA SCHELL · HARALD SCHRÖDER

Ein Freund an deiner Seite

Geschichten aus der Bibel

 bibelwerk

Neue Bibelgeschichten
erscheinen jeden Monat in

dem Kindermagazin der
Steyler Missionare.

www.weitewelt.eu

Texte: Monika Schell
Illustrationen: Harald Schröder

Für diese Ausgabe:
© Verlag Katholisches Bibelwerk GmbH, Stuttgart 2016
Alle Rechte vorbehalten

Gestaltung und Satz: wunderlichundweigand
Druck und Bindung: finidr s.r.o., Český Těšín
Printed in the Czech Republic

www.bibelwerk.de

ISBN 978-3-460-30505-2

Inhalt

GESCHICHTEN AUS DEM NEUEN TESTAMENT

Zu diesem Buch

Die ungewöhnlichen Bilder sind vielleicht das Erste, was beim Blättern in diesem Buch auffällt. Da hockt ein Mann mit Krawatte und Aktenkoffer in einem Baum vor einer Gestalt in einem wallenden Gewand. Ein blondgelockter Jüngling in T-Shirt und Schlabberhose steht in einer Küche, die ganz offensichtlich in eine ganz andere Zeit gehört. Mit dem Zeitsprung in seinen Bildern zeigt der Illustrator Harald Schröder, wie dieses Buch gelesen werden kann: Das, was in diesen Geschichten geschieht, ereignete sich zwar vor mehr als 2000 Jahren. Aber es ist heute noch genauso wichtig für unser Leben wie damals.

Die Geschichten erzählen von Neid und Hass, Liebe und Streit, Verzweiflung und Glück, Freundschaft und Einsamkeit, Krieg und Versöhnung, Flucht und Heimat. Und von Gott, der bei all dem immer da ist. Das finde ich superspannend: Die Geschichten aus der Bibel sind uralt. Aber ihre Themen sind hochmodern. Es sind meine und vielleicht auch deine Lebensthemen. Die Menschen, von denen die Bibel erzählt, sind fest davon überzeugt, dass Gott in unserer Welt wirkt. In diesem Bewusstsein stellen sie sich ihren existentiellen Fragen.

Bilder und Texte laden dazu ein, Gott, Jesus, einen Platz im eigenen Leben zu geben. So wie die Menschen es getan haben, die hier ihre Geschichte erzählen.

Monika Schell

Angst auf der Arche

Stell dir vor, du lebst in einem großen Holzhaus. Mit deiner Familie und einer riesigen Menge Tiere. Nett, meinst du. Südtiroler Bauernhof-Feeling!
Weit gefehlt. Unser Haus war ein Gefängnis. Eingesperrt in ein gigantisches Schiff lauschten wir schon seit Wochen dem Regen, der unablässig auf die Planken niederprasselte.

„Total verrückt!" „Übergeschnappt!", sagten die Leute, als wir vor einigen Jahren begannen, mitten im Land ein Schiff zu bauen. Kein Wasser weit und breit. Und wir bauten ein Schiff. Keinen Kahn, kein Floß. Ein Riesenschiff: etwas größer als eure Fußballfelder heute und drei Stockwerke hoch. Den Plan für dieses Ungetüm hatte nicht mein Vater entworfen. Gott selbst hatte ihm ganz genaue Angaben gemacht, wie das Schiff aussehen musste. Es sollte eine Kiste werden, ein Kasten oder, wie wir sagen, eine Arche.

Gott wollte eine gewaltige Flut über die Erde schicken und Menschen und Tiere vernichten. Nur meine Familie und von jeder Tierart ein Paar sollten in unserem Schiff gerettet werden. Also, wenn ich ehrlich bin: Auch ich habe oft gedacht, dass mein Vater nicht richtig tickt. Diese Idee von der Vernichtung (fast) allen Lebens auf dieser Erde war einfach zu ungeheuerlich. Warum sollte Gott so etwas Abscheuliches tun? Und woher sollte wohl so viel Wasser kommen, dass sich niemand würde retten können?

Doch mein Vater war felsenfest davon überzeugt, dass Gott zu ihm gesprochen hatte. Und er war wild entschlossen, seine Anweisungen zu befolgen. Schließlich war der Tag gekommen. Die Arche war tatsächlich fertig. Majestätisch und stolz erhob sich ihr gewaltiger Rumpf über die Wipfel der Bäume. Und immer noch konnte ich nicht glauben. Bis, ja bis die Tiere kamen!

Erst hatte ich sie gar nicht richtig wahrgenommen, die Ameisen und Käfer, die Insekten und kleinen Vögel. Doch irgendwann waren sie nicht mehr zu übersehen. Paarweise zogen sie in die Arche ein: Löwen und Giraffen, Elefanten und Hyänen, Kamele und Ziegen. Tiere, die ich kannte. Und zahllose Tiere, die ich noch nie zuvor gesehen hatte. Wilde und zahme, giftige und harmlose Tiere.

Ich hatte ein ausgesprochen mulmiges Gefühl bei der Sache. Wenn Vater bis hierher recht gehabt hatte, dann würde wohl auch der Rest wahr werden. Und richtig. Kaum hatte das letzte Tier Platz auf der Arche gefunden, verschloss Gott die Tür. Und der Regen begann.

Hart und drohend schlugen die Tropfen auf das Holz. Ich weiß nicht, ob ihr euch das so richtig vorstellen könnt: Wir hockten mit einer schier unüberschaubaren Zahl von Tieren in einem finsteren Holzkasten. Unablässig schrien, grunzten und schnaubten die Tiere. Schon nach wenigen Tagen stank die Luft erbärmlich. Wie sollte das nur enden?

Nach vielen Wochen Regen erbebte das Schiff. Die Frauen schrien auf. Wir stürzten und stolperten übereinander. Der Kasten ächzte und stöhnte. Und dann begann er, hin- und herzuschaukeln. Wir schwammen. Kalt lief es mir den Rücken hinunter. Unsere Reise begann gerade erst. Und niemand von uns wusste, wie lange sie dauern und wohin sie gehen würde. Für alles hatte Gott uns genaue Anweisungen gegeben. Und er hatte uns kein Steuer oder Ruder einbauen lassen. Er wollte, dass wir uns ganz und gar seiner Führung überließen. Er würde unser Schiff lenken. Das glaubte mein

Vater wenigstens. Manchmal bewunderte ich ihn für diesen unerschütterlichen Glauben. In vielen schlaflosen Nächten hasste ich ihn dafür, dass er uns das alles eingebrockt hatte. Und immer wieder schnürte mir die Angst die Kehle zu. Würde jemand von uns diese grauenhafte Fahrt überleben?

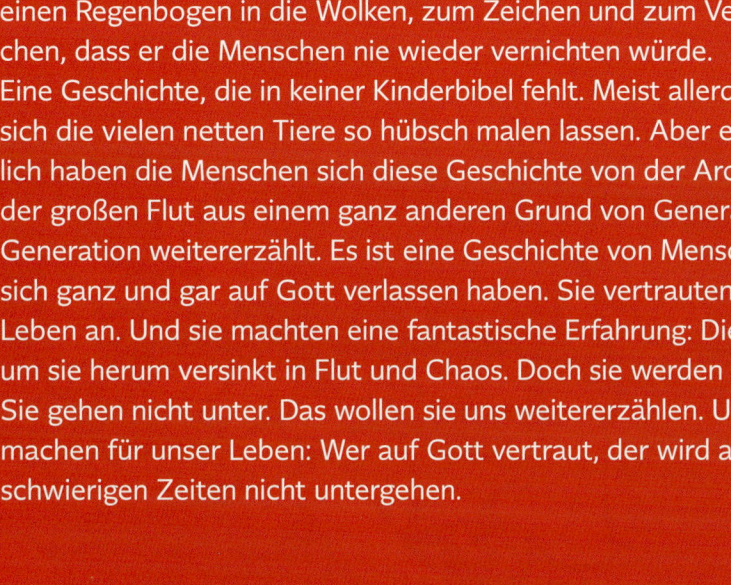

Vermutlich kennst du das Ende dieser gruseligen Geschichte: Die Bewohner der Arche wurden tatsächlich gerettet. Und Gott setzte einen Regenbogen in die Wolken, zum Zeichen und zum Versprechen, dass er die Menschen nie wieder vernichten würde.

Eine Geschichte, die in keiner Kinderbibel fehlt. Meist allerdings, weil sich die vielen netten Tiere so hübsch malen lassen. Aber eigentlich haben die Menschen sich diese Geschichte von der Arche und der großen Flut aus einem ganz anderen Grund von Generation zu Generation weitererzählt. Es ist eine Geschichte von Menschen, die sich ganz und gar auf Gott verlassen haben. Sie vertrauten ihm ihr Leben an. Und sie machten eine fantastische Erfahrung: Die Welt um sie herum versinkt in Flut und Chaos. Doch sie werden gerettet. Sie gehen nicht unter. Das wollen sie uns weitererzählen. Uns Mut machen für unser Leben: Wer auf Gott vertraut, der wird auch in schwierigen Zeiten nicht untergehen.

Die Geschichte von der Arche Noach kannst du nachlesen im ersten Buch der Bibel, im Buch Genesis, Kapitel 6 bis 9.

Alte Eltern

Ich bin eine alte Mutter. Eigentlich bin ich sogar uralt: Ich war 90, als mein Sohn Isaak zur Welt kam. So alt sind deine Eltern mit Sicherheit nicht! Aber für dich ist ja 40 oder 50 schon steinalt. Und oberpeinlich. Ich will dir erzählen, was es für mich bedeutete, als so alte Frau noch Mutter zu werden.

Mein Mann Abraham und ich, wir lieben Kinder. Viele sollten es werden, so hatten wir uns vorgenommen. Ganz viele. Das schien sich mit Gottes Vorstellungen für unser Leben gut vereinbaren zu lassen. Gott hatte Abraham versprochen: „Ich werde dich zu einem großen Volk machen." Wir hatten das so verstanden: „Ich werde euch viele Kinder schenken." Wie sonst soll man ein großes Volk werden?

Doch die Jahre verstrichen und nichts geschah. Ich wurde einfach nicht schwanger. Oft war ich darüber unsäglich traurig. Manchmal war ich zornig. Hin und wieder verzweifelt.

Gott führte uns in ein neues, wunderbares Land. Er rettete uns aus einer Hungersnot. Er war ganz gewiss mit uns. Doch ein Kind schenkte er uns nicht.

Längst hatten wir alle Hoffnung auf Nachwuchs aufgegeben. Meine Regel blieb schon lange aus. Und auch Abraham war nicht mehr der Jüngste. Da bekamen wir eines Tages unverhofften Besuch.

Drei Männer standen in der Mittagshitze vor unserem Zelt. Abraham lud sie ein, bei uns Rast zu machen und mit ihm zu essen. Das gehört sich schließlich so. Sie bekamen Wasser, um sich den Staub der Reise abzuwaschen. Ich knetete frisches Brot und briet ein zartes Kalb über dem Feuer.

Abraham hatte sich zu den Fremden gesetzt. Ich lauschte ihrem Gespräch. Was ich da hörte, war vollkommen verrückt: „Wo ist deine Frau Sara?", fragten sie Abraham. Woher kannten sie meinen Namen? Was wollten sie von mir? Abraham antwortete ihnen: „Sara ist dort im Zelt." Da sagten sie: „In einem Jahr kommen wir wieder. Dann wird deine Frau Sara einen Sohn haben." Ob die drei etwas auf den Augen hatten? Wir waren schon uralt und verbraucht. Schon lange konnten wir keine Kinder mehr bekommen. Ungläubig schüttelte ich den Kopf über diesen Unsinn. Still lachte ich in mich hinein.

Doch wie erschrak ich: „Warum lacht deine Frau Sara und glaubt uns nicht?", fragten sie Abraham.

Wie hatten sie das nun wieder mitbekommen? Vehement leugnete ich, gelacht zu haben. Aber die drei wussten genau, was Sache war.

Tja, und was soll ich euch sagen: Ich wurde tatsächlich schwanger! Ein Jahr nach dem Besuch der seltsamen Fremden brachte ich unseren Sohn Isaak zur Welt.

Wir waren überglücklich. Wie lange hatten wir uns nach diesem Kind gesehnt! Wir hatten unseren Traum begraben. Und nun war er doch in Erfüllung gegangen. Isaak war mein Ein und Alles. Natürlich war das alles irrsinnig anstrengend für mich. Ich war ja kein 20-jähriger Hüpfer mehr. Ich war eine alte Frau. Die Schwangerschaft. Keine Nacht mehr richtig durchschlafen. Ein Kind, das ständig durch die Gegend getragen werden musste. Ein kleiner Junge, der immer nur Unsinn im Kopf hatte. Kinderkrankheiten und blutende Knie. Ein junger Mann, der ständig seinen eigenen Kopf durchsetzen wollte. Das alles kostet Kraft. Jede Mutter.

Aber bei aller Mühe und Anstrengung fühlte ich

gleichzeitig eine überwältigende Dankbarkeit in mir für dieses Kind. Ich glaube, diese Dankbarkeit war anders als bei den jungen Müttern um mich herum. Für sie war der Kindersegen viel selbstverständlicher als für mich. Für mich war Isaak der handfeste Beweis: Für Gott ist nichts unmöglich.

Ausführlich erzählt die Bibel die spannende und oft bewegende Geschichte von Abraham und seiner Frau Sara. Die beiden wurden tatsächlich die Begründer eines großen Volkes, des Volkes Israel. Gott war mit ihnen. Das heißt nicht, dass die beiden immer nur glücklich waren. Sie mussten ihre Heimat verlassen; litten Hunger und Not; hatten oft Angst, waren traurig und ratlos. Und doch spürten sie immer wieder: Gott ist bei uns. Davon waren sie fest überzeugt. Deshalb war Isaaks Geburt für sie auch keine „Laune der Natur". Kein Versehen. Isaak war ein Beweis für Gottes wunderbare Treue.

 **Du findest die Geschichte von Saras ungläubigem Lachen im Buch Genesis, Kapitel 18.**

Blutige Rache

Wir waren Brüder. Genaugenommen sogar Zwillinge. Aber wir haben uns gehasst. Von Anfang an. Geschwisterliebe?! Ha, ha! Schon im Bauch unserer Mutter haben wir uns geprügelt. Bittere Tränen habe ich vergossen, als mir klar wurde: Mein Bruder hat mich betrogen, meinen alten Vater belogen, und bei all dem hat ihm meine Mutter auch noch geholfen!

Die Rolle meiner Mutter in dieser Geschichte ist eher zweifelhaft. Oder sollte ich besser sagen: Sie war eindeutig? Meine Mutter hat meinen Bruder Jakob immer bevorzugt. Er war ihr Söhnchen. Hockte dauernd zu Hause herum. War ein hübscher Kerl, sanftmütig und höflich.

Nur mir gegenüber zeigte er sein wahres Gesicht. Ich, Esau, wurde als erster geboren. Bis zur letzten Sekunde hat Jakob versucht, das zu verhindern. Schon im Bauch unserer Mutter klammerte er sich an meiner Ferse fest. Aber es war zu spät für ihn. Er konnte sich nicht mehr an mir vorbeidrängen. Und so erblickte ich als erster das Licht der Welt. Das hat Jakob wohl nie so recht verwunden.

Denn als Erstgeborenem stand mir der größere Anteil am Erbe unseres Vaters zu. Mich würde der Vater am Ende seines Lebens segnen. Ich würde seine Stellung als Oberster in der Familie einnehmen. Deshalb versuchte Jakob, sich bei allen einzuschmeicheln. Punkte für sich zu gewinnen. Für so was hatte ich kein Talent. Schon rein äußerlich hatte ich keine einnehmende Gestalt. Ich war groß und grob, behaart am ganzen Körper. Mich trieb es immer hinaus. Ich jagte gern. Das wusste mein Vater sehr zu schätzen, denn er aß gern frisches Wild. Doch auch hier versuchte mein Bruder mich auszustechen. Er konnte ausgezeichnet kochen. Schon wenn der Duft seiner köstlichen Speisen über unsere Zelte zog, lief jedem das Wasser im Mund zusammen.

Und damit hat er mich das erste Mal übers Ohr gehauen. Müde und vollkommen ausgehungert kam ich eines Tages nach Hause. Den ganzen Tag hatte ich auf dem Feld gearbeitet. Ich war so erschöpft, dass ich kaum noch stehen konnte. Jakob stand am Feuer und kochte. Mein Magen knurrte wie ein wütender Hund. Am liebsten wäre ich über den Kochtopf hergefallen. So bat ich Jakob: „Gib mir doch einen Teller von deinem Essen." Der hinterlistige Fuchs witterte seine Chance. Und er schlug erbarmungslos zu. „Ich gebe dir gern etwas von dem Essen. Doch du musst dafür bezahlen. Verkauf mir jetzt sofort deine Rechte, die du als Erstgeborener hast."

Wenn ich heute so darüber nachdenke, glaube ich, ich habe gar nicht richtig verstanden, was er da gesagt hat. Ich dachte noch: Der macht aber blöde Scherze! Und dann gewann der Hunger die Oberhand über meinen Verstand.

„Von mir aus. Du kannst mein Erstgeburtsrecht haben. Davon werde ich schließlich nicht satt", antwortete ich ihm. Er ließ mich schwören. Und ich schwor. Daraufhin gab er mir einen Teller von seinem Linsengericht und Brot. Lecker! Er war einfach ein genialer Koch.

Niemals sprachen wir später über diesen Zwischenfall. Und ich hatte ihn schon beinahe vergessen, als er mich das zweite Mal überrumpelte. Diesmal, das muss ich zu seiner Ehrenrettung gestehen, war unsere Mutter die Drahtzieherin. Mein Vater war sehr alt geworden. Er spürte, dass der Tod nicht mehr weit war. So rief er mich, seinen Ältesten, zu sich. „Brat mir noch einmal ein leckeres Wild. Dann will ich dich segnen, bevor ich sterbe." Gern erfüllte ich meinem Vater diesen letzten Wunsch. Ich zog los um zu jagen.

Meine Mutter hatte alles mitangehört. Aber sie wollte den Segen meines Vaters für Jakob haben. So inszenierte sie einen beispiellosen Betrug: Sie schob meinem halbblinden Vater Jakob als seinen Erstgeborenen unter! Damit Vater nicht fühlen konnte, dass er das haarlose Muttersöhnchen statt meiner vor sich hatte, zog sie Jakob ein Fell an. Sie kochte ihm eine zarte Ziege und schickte ihn in Vaters Zelt. Und da geschah es. Zu Beginn war Vater misstrauisch. Doch als Jakob hartnäckig behauptete, er sei ich, segnete Vater ihn.

Meine Verzweiflung war unbeschreiblich. Ich flehte meinen Vater an, auch mich zu segnen. Doch den Segen für den Erstgeborenen hatte er schon gesprochen. Mir konnte er nichts mehr geben. Ich schrie. Ich weinte. Und ich schwor bittere Rache: Ich würde Jakob umbringen.

Nicht alle Geschwister haben sich lieb. Wenn man immer wieder das Gefühl hat, die Eltern bevorzugen die Schwester oder den Bruder, dann kann das ganz schön wehtun. Dann wird man traurig oder wütend oder man beginnt, wie Esau, die Schwester oder den Bruder zu hassen. Das war vor fast 4.000 Jahre bei Esau und Jakob nicht anders als heute. Keine schönen Gefühle. Aber sie können da sein. Und es ist gut, sie ehrlich anzuschauen. Dazu lädt uns die Bibel jedenfalls ein.

Die Geschichte, wie Esau um den Erstgeburtssegen betrogen wird, kannst du nachlesen im Buch Genesis, Kapitel 27. Ob Esau seinen Schwur gehalten hat? Hat er seinen Bruder Jakob getötet? Das erzählt die Bibel im Buch Genesis, Kapitel 33, in den Versen 1 bis 20.

Eine geheimnisvolle Stimme

Ich bin ein absolutes Wunschkind. Meine Mutter hat nichts unversucht gelassen, um mit mir schwanger zu werden. Natürlich gab es damals noch keine künstliche Befruchtung. Aber Mutters Methode erwies sich als ausgesprochen wirkungsvoll. Sie machte einen Handel mit Gott.

Auf ihrer jährlichen Pilgerreise versprach sie Gott: „Wenn du mir einen Sohn schenkst, dann werde ich ihn dir für sein ganzes Leben überlassen." Im Klartext hieß das: Ich werde meinen Sohn, sobald er einigermaßen klarkommt, fortgeben. Er wird im Tempel bei den Priestern ganz für dich, Gott, da sein. Er soll sein ganzes Leben lang beten und Opfer darbringen. Dir dienen. Ihr müsst euch das ein bisschen vorstellen wie bei euren Priestern. Auch die sollen ganz für Gott da sein. Allerdings nicht schon als Kleinkinder. Und die dürfen sich das auch selbst aussuchen. Ich dagegen hatte gar keine Wahl.

Wenn man über diesen Handel genauer nachdenkt, scheint er ziemlich sinnlos. Warum wollte meine Mutter ein Kind, das sie dann gleich wieder weggab?

Nun, zu meiner Zeit waren Kinder ein Geschenk Gottes. Ein besonderer Segen. Ein Zeichen dafür, dass Gott mit dieser Familie und besonders mit dieser Frau war. Heute glauben die Menschen, sie könnten ihre Kinder selbst machen.

Sie entscheiden darüber, ob sie überhaupt welche wollen und wenn ja, wann. Sie manipulieren an ihren Genen herum, um möglichst fehlerlose Wesen zu produzieren. Ich finde diese Entwicklung sehr bedenklich.

Die Vorstellung, dass ich ein ganz besonderes Geschenk Gottes bin, finde ich sehr viel schöner. Er hat mich gewollt und gemacht, so wie ich bin. Mit all meinen Fehlern und Gaben. Deshalb gefällt mir auch mein Name so gut. Ich heiße Samuel. Das heißt: „Gott hat gehört." Gott hat meine Mutter gehört. Er hat ihre Not wahrgenommen, und ich bin seine Antwort darauf.

Meine Mutter hat ihr Versprechen wahr gemacht. Schon als kleines Kind brachte sie mich zum Tempel nach Schilo. Einmal im Jahr kam sie mich besuchen. Dann brachte sie mir neue Kleider mit, und wir erzählten bis tief in die Nacht.

Ob ich lieber bei meiner Mutter geblieben wäre? Ob ich Heimweh hatte? Ob ich sie gehasst habe, weil sie mich fortgab? Ich weiß es nicht. All diese Fragen habe ich mir nie gestellt. Es war einfach so, wie es war. Und bei dem alten Priester Eli, meinem Ziehvater im Tempel, ging es mir gut. Er mochte mich. Und ich lernte viel bei ihm.

Ich war zufrieden mit meinem Leben. So hätte es ewig weitergehen können. Doch eines Nachts geschahen seltsame Dinge im Tempel. Ich schlief dort tief und fest. Da hörte ich, dass mich jemand rief: „Samuel!" Verschlafen sprang ich auf. „Hier bin ich!", antwortete ich. Ich dachte, Eli habe gerufen. Er war alt und blind. Vielleicht brauchte er Hilfe? Doch als ich zu Eli kam, war er sehr verwundert. „Ich habe dich nicht gerufen. Leg dich wieder hin!" Komisch. Ich war sicher, meinen Namen gehört zu haben. Kaum war ich eingeschlafen, ging es wieder los. Doch auch jetzt schickte Eli mich wieder zur Ruhe. Ein drittes Mal schlief ich ein. Und wieder hörte ich meinen Namen. Sollte das ein schlechter Scherz sein?

Aber Eli hatte einen anderen Gedanken: „Samuel, Gott selbst ruft dich! Leg dich wieder hin. Wenn er noch einmal ruft, dann antworte ihm: Rede, Herr, dein Diener hört!"

Ich legte mich wieder hin. Und wirklich: Gott kam zu mir. „Samuel! Samuel!", rief er.

So ist das also, wenn Gott einen Menschen ruft, dachte ich erstaunt. Er ruft mich bei meinem Namen. Er meint mich. Ich hatte Elis Hilfe gebraucht, um das zu begreifen. Aber jetzt konnte ich Gottes Stimme verstehen. Glücklich antwortete ich ihm: „Rede, Herr, dein Diener hört!"

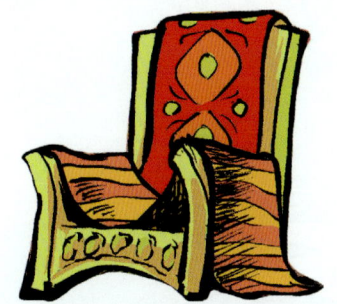

Gott ruft Menschen. Auch heute noch. Allerdings ist es – damals wie heute – gar nicht so einfach, seine Stimme zu erkennen. Auch Samuel braucht Hilfe, damit er auf die Idee kommt: Gott ruft mich. Hast du Menschen, die dir helfen, Gott wahrzunehmen?
Gott ruft Samuel in der Ruhe und Stille der Nacht. Vielen Menschen begegnet Gott genau so: Wenn sie ruhig geworden sind. Wenn sie sich Zeit für ihn nehmen. Nicht in der Hektik des Alltags, im Lärm der Disco oder im Streit mit den Eltern. Nimmst du dir Zeit für Gott? Samuel ist bereit, für Gott da zu sein. „Rede, Herr, dein Diener hört!", sagt er. Rechnest du überhaupt damit, dass Gott wirklich für dich da ist? Dass er dich in seinen Dienst rufen will, wie auch immer der aussehen mag?

Samuels Begegnung mit Gott kannst du nachlesen im ersten Buch Samuel, Kapitel 3, in den Versen 1 bis 21.

Ein himmlischer Begleiter

Engel sind zurzeit groß in Mode. Rauschende weiße Gewänder, glitzernde Flügelchen, niedliche, schwebende Gestalten. So stellen viele Menschen sich einen Engel vor. Und ihr Job? Vor Unfällen zu bewahren oder bei Klassenarbeiten zu helfen.

Der Engel Raphael wurde von Gott auf eine ziemlich anstrengende Reise zu Fuß geschickt. Und er sah ganz genauso aus wie ein Mensch.

Ja, genau das war nämlich wichtig. Niemand sollte wissen, dass ich ein Engel bin. Ich bin sogar ein Erzengel. Ein ganz besonderer Engel.

Gott wollte der Familie des alten, blinden Tobit helfen. Aber helfen heißt nicht: Ich erledige das schon für dich. Lehne dich zurück, leg die Füße hoch und lass den Engel mal machen. Im Gegenteil, Tobits Sohn Tobias musste seine Füße ziemlich anstrengen. Wir beide gingen nämlich auf eine lange, gefährliche Reise. Wir sollten Geld abholen, das Tobit vor vielen Jahren an einen Freund verliehen hatte.

Gott wollte, dass ich Tobias auf dieser Reise begleite. Inkognito sozusagen.

Tobit fand, dass ich ein akzeptabler Reisebegleiter für seinen Sohn war. Und so brachen wir auf. Wie schon gesagt: zu Fuß selbstverständlich! Tobias hatte einen Hund, der immer fröhlich neben uns herlief. Der kleine Kerl munterte uns auf, wenn wir mal wieder so richtig k. o. und müde waren.

Eines Abends erreichten wir den Tigris. Das Wasser des Flusses glitzerte verheißungsvoll in der Abendsonne. Tobias riss sich die Klamotten vom Leib und stürzte sich in das kühle Nass. „Komm rein! Es ist herrlich!", rief er mir zu. Schwimmen ist nicht meine Sache und so setzte ich mich am Ufer in den Schatten eines Baumes. Tobias planschte begeistert herum. Da passierte es: Ein riesiger Fisch schoss aus dem Wasser. Tobias erstarrte. Zielsicher steuerte der Fisch auf Tobias zu. Er würde ihn fressen! Da kam Leben in Tobias. Er wandte sich zum Ufer. Er wollte fliehen. Ich schrie auf: „Pack ihn!"

Ohne auch nur eine Sekunde zu zögern folgte Tobias meinem Ruf. Beherzt packte er das Ungetüm. Mit einem kräftigen Schwung warf er den Fisch ans Ufer. Bedauerlicherweise spritzte er mich dabei ziemlich nass. Aber das ließ sich wohl nicht vermeiden.

Völlig erschöpft und zitternd vor Angst krabbelte Tobias aus dem Wasser. Ich legte ihm den Mantel um die Schultern und wärmte ihn. Allmählich kam Tobias wieder zu sich. „Nimm das Herz, die Leber und die Galle aus dem Fisch heraus und verwahre sie gut. Den Rest können wir dann braten. Das wird ein gutes Abendessen", riet ich ihm.

Erstaunt sah Tobias mich an: „Wozu soll ich die Innereien denn verwahren?" Ich erklärte ihm: „Mit Herz, Leber und Galle des Fisches kannst du Menschen heilen." Und wieder vertraute Tobias mir. Er tat, was ich ihm geraten hatte.

Gut gesättigt schlief Tobias schließlich unter dem Baum ein. Friedlich hatte der kleine Hund sich an seinen Herrn gekuschelt. Nachdenklich betrachtete ich Tobias. Gott hatte nicht gewollt, dass ich den schrecklichen Fisch einfach wegzauberte. Ehrlich gesagt: Ich bin auch nicht sicher, dass das geklappt hätte.

Gott wollte, dass Tobias selbst zupackte. Er sollte sein Fisch-Problem anpacken. Und Tobias hatte seine Chance super genutzt! Ich war wirklich stolz auf ihn.

Und die Sache mit den Innereien? Wie wichtig die noch für Tobias und seine ganze Familie werden würden, ahnte er in diesem Moment nicht einmal. Doch das ist eine ganz andere Geschichte.

Vor Tobias taucht ein riesiger Fisch auf. Ein echtes Problem. Fressen oder gefressen werden. Und am Ufer hockt ein Engel und schaut zu. Der könnte doch jetzt einfach mal Hokuspokus machen. Und das Problem wäre erledigt. Hand aufs Herz: Wer wünscht sich das nicht? Einen, der die blöden Probleme einfach wegzaubert? Aber diese Geschichte erzählt: Gott schickt dir Helfer. Gott gibt dir Ratgeber. Aber lösen und anpacken musst du deine Probleme schon selbst.

Neugierig geworden? Mehr über die spannende Geschichte von Raphael und Tobias findest du in der Bibel im Buch Tobit.

Wenn nichts mehr geht

Die ganze Welt ist finster. Nichts läuft mehr rund: Stress mit den Eltern, Ärger mit den Freunden, ein absolutes Tief in der Schule und zur Krönung des Elends eine dicke Grippe. Ich bin sicher, solche Zeiten kennst du auch. Und deshalb kannst du dir auch ein kleines bisschen vorstellen, wie es mir ging. Nur – bei mir war alles noch viel, viel schlimmer!

Eigentlich war ich ein geachteter und sehr erfolgreicher Mann. Ich hatte sieben Söhne und drei Töchter, die mir viel Freude machten. Hunderte von Kamelen, Rindern und Esel waren mein Eigen. Ganz zu schweigen von dem Kleinvieh, das selbstverständlich dazu gehörte. Ich beschäftigte viele Knechte und Mägde. Freunde und Nachbarn waren ständig bei mir zu Gast. Niemand, der in meinem Haushalt lebte, litt Not. Ich war berühmt für meine gerechten und weisen Entscheidungen. Kurzum: Ich war ein beliebter Mann.

Bei alldem war mir immer klar: Dieser Erfolg war nicht mein Verdienst. Er war ein Geschenk Gottes. Täglich dankte ich Gott dafür. Ich brachte Opfer dar, wie es mein Glaube vorschrieb. Und ich betete zu Gott, meinem Schöpfer, dem Geber aller guten Gaben. Oft stand ich nachts, wenn alle schliefen, vor meinem Haus. Über mir spannte sich das weite Sternenzelt aus. Hier und da schrie eines der Tiere in der Dunkelheit. In diesem Frieden fühlte ich mich Gott ganz nah.

Doch dann wurde schlagartig alles anders. Feinde brachen in mein Land ein, stahlen meine Tiere und erschlugen meine Knechte. Eine Naturkatastrophe vernichtete die übrigen Tiere. Plötzlich war mein ganzer Reichtum dahin. Ich war arm wie ein Bettler. Aber das war noch lange nicht das Schlimmste. Eines Tages fegte ein gewaltiger Wind durch die Wüste. Er packte das Haus, in dem meine Kinder waren. Es stürzte ein wie ein Kartenhaus und begrub meine Söhne und Töchter unter sich. Keiner von ihnen blieb am Leben. Meine Verzweiflung war unermesslich.

Aber auch das war noch nicht das Ende. Ich wurde krank. Von der Fußsohle bis zum Scheitel überdeckten bösartige Geschwüre meine Haut. Es juckte furchtbar. Und es sah widerlich aus. Keiner wollte mehr in meine Nähe kommen. Meine Mägde verließen das Haus. Freunde und Nachbarn mieden mich.

Wie ich all dieses Elend ausgehalten habe, fragst du mich? Es war nicht auszuhalten. Ich verfluchte den Tag, an dem ich geboren wurde. „Warum starb ich nicht vom Mutterschoß weg? Kam ich aus dem Mutterleib und verschied nicht gleich?", fragte ich Gott. „Still läge ich jetzt und könnte rasten. Entschlafen wäre ich und hätte Ruhe." Ja, das wünschte ich mir nur noch: ein Ende dieses Grauens. „Ich mag nicht mehr!", schrie ich zu Gott. „Ich will nicht ewig leben. Lass ab von mir!", flehte ich ihn an.

In all meiner Not und Verzweiflung war mir eines immer klar: Gott ist da! So wie er in den guten Tagen meines Lebens da war, so war er auch jetzt in meiner Nähe. Ich konnte nicht verstehen, warum ich so unsäglich leiden musste. Ich wusste auch nicht, warum Gott dieses Leid zuließ. Aber ich wusste: Er ist da. Ich schrie zu ihm. Ich weinte. Ich flehte ihn an. Ich schimpfte auf Gott. Ich klagte ihn an. Zorn und Verzweiflung wechselten sich ab.

„Darf man das, so mit Gott reden?", fragst du dich vielleicht erschrocken. Sicherlich hast du irgendwann mal einige schön formulierte Gebete gelernt. Möglichst nett gereimt. So spricht man mit Gott. Oh nein! Wenn du erst mal so am Ende bist wie ich, dann ist nichts mehr mit netten Reimen und Texten. Dann kannst du nur noch deine Not und dein Elend herausschreien. Und weißt du was? Gott hört dich! Er ist da!

Nur so habe ich diese grauenvolle Zeit überlebt: Weil ich wusste, Gott ist da. Weil ich zu ihm reden konnte, über alles, was mich bewegte, und so, wie es mir gerade in den Sinn kam. Weißt du, was bei all dem meine größte Sehnsucht war? Gesund zu werden? Wieder zu Reichtum zu kommen? Erneut Kinder zu erleben? Oh nein! Mein größter Wunsch war es, dass der Allmächtige mir Antwort geben würde. Und das tat er auch.

„Hiobsbotschaft", so nennt man eine besonders schlimme Nachricht. Denn der Mann in der Geschichte, der all diese furchtbaren Dinge erleben musste, hieß Ijob. Hiob oder Ijob, das sind nur unterschiedliche Schreibweisen des gleichen Namens! Schreckliche Dinge muss Ijob erleben. Doch am Schluss gibt es ein Happy End. Du kannst es im letzten Kapitel nachlesen.

Leider gehen nicht alle Geschichten im Leben so gut aus. Menschen bleiben verzweifelt. Leiden, bis sie endlich sterben können. Streit, Kriege und Hungersnöte, Krankheiten und Armut sind ein Dauerzustand in unserer Welt. In all dieser Not will die Bibel uns Mut machen: Gott ist da. Gott ist uns nah. Immer.

Ein ganzes Buch des Alten Testaments erzählt die Geschichte Ijobs. Du findest seine Geschichte im Buch Ijob.

Ein biblischer Gruselfilm

Bleiche, ausgetrocknete Knochen, so weit das Auge reicht! Dieses gruselige Bild könnte aus einem Horrorfilm deiner Tage stammen. Tut es aber nicht. Gott zeigte es mir, als ich, Ezechiel, 600 Jahre vor eurer Zeitrechnung mit meinem Volk in der babylonischen Gefangenschaft lebte. Es war ein echt schauerliches Erlebnis.

Im Traum führte Gott mich über eine Ebene. Ringsum lagen Knochen verstreut. Menschenknochen! Gott fragte mich: „Menschensohn, können diese Gebeine wieder lebendig werden?" Was für eine Frage! Wenn einer von euch sie gestellt hätte, wäre die Antwort klar: „Natürlich können uralte Knochen nicht mehr lebendig werden!"

Aber diese Frage kam immerhin von Gott. Und bei ihm ist ja bekanntlich nichts unmöglich. So antwortete ich etwas unbestimmt: „Herr und Gott, das weißt nur du." Da gab Gott mir einen Auftrag: „Sprich als Prophet über diese Gebeine und sag zu ihnen: Ihr ausgetrockneten Knochen, hört das Wort des Herrn! So spricht Gott: Ich selbst bringe Geist in euch, dann werdet ihr lebendig. Ich spanne Sehnen über euch und umgebe euch mit Fleisch; ich überziehe euch mit Haut und bringe Geist in euch. Dann werdet ihr lebendig."

Schaurige Vorstellung, findet ihr nicht? Aber das war noch lange nicht das Ende! Ich sprach zu den Knochen genau so, wie Gott es mir befohlen hatte. Während ich redete, hörte ich auf einmal ein Geräusch: Die Gebeine rückten zusammen! Bein an Bein. Sie setzten sich zu vollständigen Skeletten zusammen. Und als ich genauer hinschaute, waren plötzlich Sehnen auf ihnen und Fleisch umgab die Knochen und Haut überzog sie! Aber es war noch kein Leben in ihnen.

Da sagte Gott zu mir: „Rede als Prophet zum Geist. Sag: So spricht Gott der Herr: Geist, komm herbei! Hauch diese Erschlagenen an, damit sie lebendig werden."

Ich redete, wie Gott es mir befohlen hatte. Sein heiliger Geist kam in sie. Sie wurden lebendig und standen auf. Eine große, gewaltige Menschenmenge.

Und Gott sprach: „Diese Gebeine, das sind die Israeliten hier in Babylonien. Sie sind verzweifelt. Ihre Hoffnung ist verdorrt, wie diese Gebeine. Geh zu ihnen und sag ihnen: So spricht Gott: Ich öffne eure Gräber. Ich hole euch heraus aus eurer Gruft. Ich bringe euch zurück in das Land Israel. Ich hauche euch meinen Geist ein, dann werdet ihr lebendig. Dann werdet ihr erkennen, dass ich der Herr bin."

Das ist ja wohl die perfekte Vorlage für einen Gruselfilm. Und so was steht in der Bibel? Ja, denn die Bibel erzählt nicht nur von den schönen und hellen Seiten des Lebens. Sie weiß, dass viele Menschen auch solche grauenhaften Zeiten kennen. Dass Menschen sich tot fühlen, verdorrt, abgestorben. Wie ausgebleichte Knochen.

Vielleicht, weil sie etwas Schreckliches erlebt haben. Vielleicht, weil sie keine Hoffnung mehr haben. Vielleicht, weil sie eingeschlossen sind in einem Grab aus Einsamkeit, Krankheit und Verzweiflung. Da hinein verspricht Gott: „Ich hole dich aus all dem heraus. Ich mache dich wieder lebendig. Ich gebe dir wieder Kraft und Zuversicht für dein Leben."

Unterm Strich also doch kein Gruselfilm, sondern eher eine Hoffnungsgeschichte, deren Ende so heißt wie der Mann, der sie sah: Ezechiel – Gott möge stärken.

Die Visionen und Reden im Buch Ezechiel sind ein wenig eigenwillig und schräg. Aber drastisch und sehr spannend! Ihr findet sie im Alten Testament im Buch Ezechiel. Die Vision von den Knochen, die wieder auferstehen, steht im Kapitel 37.

König in Panik

Gespenstische Stille herrschte in dem riesigen Festsaal des Palastes. Bis vor kurzem war hier noch ein rauschendes Fest gefeiert worden. Umgestürzte Krüge, Essensreste, spärlich bekleidete Tänzerinnen und zahllose Gäste zeugten von der ausgelassenen Stimmung. Doch das Feiern war ihnen gründlich vergangen.

Schreckensbleich saß der König auf seinem Thron. Schweißperlen standen auf seiner Stirn. Mit weit aufgerissenen Augen stierte er auf eine Wand.

Er hatte mich rufen lassen. Friedlich und zufrieden hatte ich in meiner Wohnung gesessen und alte Schriften studiert, als ein königlicher Bote zur Türe hereinstürzte. Seit Jahren war das nicht mehr vorgekommen. Um genau zu sein, seit der neue König an der Macht war. Er wollte von mir nichts wissen. Und mir war das ganz recht. So hatte ich auf meine alten Tage ein wenig Ruhe.

Früher war ich sehr gefragt. Der alte König, Nebukadnezzar, hielt große Stücke auf mich. Als Gefangenen hatte er mich vor 50 Jahren nach Babylon verschleppt. Als Traumdeuter und persönlicher Ratgeber des Königs hatte ich eine beispiellose Karriere hinter mir. Die Macht und die Größe meines Gottes hatten ihn sehr beeindruckt. Auch in der Fremde und in allen Schwierigkeiten war ich meinem Gott treu geblieben. Ich hatte nach seinen Geboten gelebt. Und er hatte mich und meine Freunde vor allem Unheil bewahrt. Jede Gelegenheit hatte ich genutzt, von meinem Gott zu erzählen.

Was heißt „mein Gott"? Er ist der Gott und Herr aller Menschen. Davon bin ich zutiefst überzeugt. Und Nebukadnezzar lernte ihn kennen. Sehr schmerzhaft, wie ich gestehen muss. Aber das ist eine andere Geschichte. Wichtig ist, dass dieser große, erfolgreiche König eines Tages zu mir sagte: „Daniel, ich lobe, preise und rühme den König des Himmels, deinen Gott." Das war ein Freudentag für mich.

Seinem Enkel Belschazzar, dem jetzigen König, war mein Gott egal. Er betete zu Göttern aus Gold und Stein. Er spottete über meinen Gott. Verlachte ihn. Das konnte nicht gut gehen. Ich war sicher, Gott würde sich das nicht ewig bieten lassen.

Und als ich den Festsaal betrat, wusste ich: Die Stunden des Königs sind gezählt. Auf dem Boden vor ihm lagen goldene und silberne Becher und Kel-che. Lange hatte ich sie nicht gesehen. Und doch erkannte ich sie sofort wieder: Es waren die kostbaren Gefäße aus dem Tempel in Jerusalem! Nebukadnezzar hatte sie einst als Kriegsbeute geraubt. Doch er hatte sie immer in Ehren gehalten. Sie waren für den Gottesdienst bestimmt. Heiliges Gerät.

In seinem Größenwahn und seiner Trunkenheit hatte Belschazzar die Becher holen lassen und daraus getrunken. Er prahlte und lästerte Gott. Und da passierte es:

Eine Hand erschien aus dem Nichts. Eine gespenstische, körperlose Hand! Schaudern erfasste den König und all seine Gäste. Belschazzar schlotterten die Knie. Langsam malten die Finger der Geisterhand riesige Buchstaben an die weiß getünchte Wand des Palastes.

Und da standen sie. Flammend rot leuchteten sie mir entgegen: „Mene mene tekel uparsin."

Die Ratgeber und Weisen des Königs hatten sich keinen Reim auf diese Worte machen können. Alle

Reichtümer der Erde hatte Belschazzar dem versprochen, der ihm die Schrift deuten könnte. Aber niemand konnte ihm helfen. Da war der alten Königin eingefallen, dass es mich gab, den greisen Daniel. Und so stand ich jetzt vor dem zitternden König. Was ich ihm zu sagen hatte, würde ihm nicht gefallen! Aber ich hatte mich noch nie darum gekümmert, ob die Wahrheit den Mächtigen in den Kram passte oder nicht.

„Ich will dir die Schrift deuten, König", sagte ich zu ihm. „Gott hat deine Tage gezählt. Er hat dich gewogen. Und du wurdest auf der Waage für zu leicht befunden. Die Perser und die Meder werden sich dein Reich teilen."

Meine Prophezeiungen gingen grausam in Erfüllung. Die Perser und die Meder hatten sich zusammengeschlossen und überfielen Babylon. Der Mederkönig Darius übernahm die Herrschaft. Belschazzar aber wurde noch in der gleichen Nacht umgebracht.

Dürr ist schick! Meinen jedenfalls viele. Sie setzen alles daran, möglichst wenige Kilos auf die Waage zu bringen. Im Zweifelsfalle hungern sie sich zu Tode. Ziemlich ungesund! Auf der Waage Gottes geht es natürlich nicht um Kilos und Speckfalten. Aber – auch bei Gott gibt es ein „zu leicht"! Und im Falle Belschazzars endet das tödlich. Belschazzar betete zu Göttern, die weder hören konnten noch Verstand besaßen. Mit denen musste er sich nicht auseinandersetzen. Hier und da mal ein Opfer und fertig. Der Gott Daniels, der Herr der Geschichte und des Lebens, fordert mehr. Ein entschiedenes Leben für ihn. Und das hat Konsequenzen. Den Mut, gegen den Strom zu schwimmen. Den Einsatz für andere Menschen. Und die große Chance, immer mit Gott im Gespräch zu sein. Denn er ist ein Gott, der hört und Verstand besitzt.

Willst du mehr über das ereignisreiche Leben Daniels lesen? Ihm ist ein eigenes Buch in der Bibel gewidmet. Die gruselige Geschichte von der Schrift an der Wand findest du im Buch Daniel, Kapitel 5.

Krasse Reden gegen korrupte Reiche

Wenn die Mittagssonne in meiner Heimat heiß vom Himmel brennt, halte ich im Schatten der dichten, sattgrünen Blätter der Maulbeerfeigenbäume meine Siesta. Mein Arbeitstag hat mit dem ersten Licht des Tages begonnen. Und er wird enden, wenn endlich die Nacht hereinbricht.

Ich bin Bauer. Ich züchte Schafe und Maulbeerfeigenbäume. Davon kann man keine Reichtümer anhäufen. Aber die Arbeit gibt mir ein ausreichendes, sicheres Einkommen. Ich liebe es, mit meinen Schafen zu den Weideplätzen zu ziehen. Ihr Blöken klingt wie eine vertraute Melodie in meinen Ohren.

Und wenn sich die dicken Äste der Maulbeerfeigenbäume unter der Last zahlloser Trauben von kleinen Feigen biegen, dann durchströmt mich die tiefe Gewissheit: Hier gehöre ich hin. Ich bin froh und dankbar, dass ich nur der unbedeutende, kleine Bauer Amos bin.

Die Welt der Schönen und Reichen kann mir gestohlen bleiben. Für nichts in der Welt würde ich mein Leben mit ihnen tauschen. Im Gegenteil: Wenn ich mir anschaue, wofür sie ihr Geld verschwenden und verprassen, gruselt es mich.

Am helllichten Tag hängen sie betrunken auf ihren kostbaren Sofas herum, einzig damit beschäftigt, sich noch mehr zu berauschen. Ihre Haut pflegen sie mit kostbarsten Ölen, auf dass nur ja kein Fältchen ihr wahres Alter verrät. Ohne Sinn und Verstand grölen sie unflätige Lieder. Einfach ekelhaft.

Kalter Zorn packt mich, wenn ich miterleben muss, wie sie zu ihrem Reichtum kommen. Sie lügen und betrügen, wo immer es geht.

Die reichen Kaufleute fälschen die Gewichte, wenn sie Korn verkaufen! Das Maß machen sie kleiner, und den Preis setzen sie herauf. Und niemand kann sich wehren.

Menschen behandeln sie wie Ware oder wie ein Stück Vieh. Mein Nachbar zum Beispiel: Er schuldete einem Gutsbesitzer ein paar Sandalen. Wir hatten ein schlechtes Erntejahr, und er konnte die Sandalen nicht zurückzahlen. Um seine Schuld einzutreiben, verkaufte der Gutsbesitzer meinen Nachbarn als Sklaven. Wegen eines Paars Sandalen! Das muss man sich vorstellen! Wahnsinn!

Die Armen werden gezwungen, gigantische Pachtzinsen zu zahlen für das winzige Stückchen Land, das sie bebauen. So kommen sie nie auf einen grünen Zweig. Und die Reichen bauen sich einen Palast nach dem anderen.

Kein Gericht schlägt sich auf die Seite der Armen und Unterdrückten. Niemand wagt es, das Unrecht anzuprangern und endlich einmal die Wahrheit zu sagen. Korrupt, alle miteinander! Aber mit all dem hatte ich zum Glück wenig zu tun. Bis – ja – bis Gott in mein Leben einbrach.

Ich konnte die Augen einfach nicht mehr verschließen vor dem ganzen Unrecht. Ich begriff: Gott lässt mich das alles so klar sehen und erkennen, damit ich endlich den Mund aufmache. Und das tat ich dann. Ich zog durch das Land und verkündete mit drastischen Worten, was Gott mich sehen ließ: „Wenn ihr so weiterlebt, rücksichtslos und selbstsüchtig, werdet ihr umkommen. Sucht das Gute und nicht das Böse, damit ihr am Leben bleibt. Sucht Gott, damit ihr lebt!"

Der Prophet Amos hat sich viele Feinde gemacht mit seinen Reden. Er wurde beschimpft, angeklagt wegen Landfriedensbruch und Aufruhr. „Verabscheut wird, wer die Wahrheit sagt", erklärt er selbst seine Situation.

Nur wenige Menschen wagen das: sich gegen den Zeitgeist und die Mächtigen der Welt aufzulehnen und sich einzusetzen für Recht und Gerechtigkeit im Namen Gottes.

Dabei ist das heute noch genauso notwendig wie damals zu Zeiten des Amos. Auch wir leben oftmals auf Kosten der Armen und Unterdrückten. Häufen Reichtümer an, während andere nicht das Notwendigste zum Leben haben. Auch bei uns verprassen Menschen ganze Vermögen mit sinnlosen Vergnügungen, während anderswo Menschen wie Sklaven schuften und verhungern.

Die eindrucksvollen Reden des Schafzüchters und Propheten Amos kannst du nachlesen im Alten Testament im Buch Amos.

Ganz schön stur

Ich will das nicht! Und wenn er sich auf den Kopf stellt: Ich mache das nicht! Ich gehe nicht zu den Feinden meines Volks, um sie zu warnen. Sie sollen ihre Strafe bekommen. Jawohl! Ist mir nur recht, dass Gott sie vernichten will. Und wenn Gott mir zehn Mal den Auftrag gibt, die Bewohner von Ninive zur Umkehr aufzurufen. Ich gehe nicht!

So fing meine Geschichte jedenfalls an. Und ich bin sicher, du weißt, wie sie weiterging. Die Geschichte des ungehorsamen Propheten Jona. Genau: Ich landete im Bauch eines riesigen Fisches. Dort überlebte ich drei Tage und wurde an Land gespuckt. Und ging dann doch nach Ninive.

Aber begeistert war ich nach wie vor nicht von dieser Rettungsaktion. Gott hatte mich mehr oder weniger gezwungen, mitzumachen. Mit dem Sturm und dem Fisch hatte er mir mehr als deutlich gemacht, wer der Boss ist. Aber von „wollen" konnte bei mir keine Rede sein.

Folglich gab ich mir in Ninive auch nicht besonders viel Mühe, den Leuten ins Gewissen zu reden. Mein Aufruf war ausgesprochen knapp: „Noch vierzig Tage und Ninive ist zerstört!" Auftrag ausgeführt. Wenn Gott gedacht hatte, ich würde hier feurige Predigten halten, die die Leute dazu bringen, ihr Leben zu verändern, dann hatte er sich gründlich geirrt.

Mir doch egal, wenn sie's gar nicht mitkriegen. Wenn es sie nicht berührt. Wenn sie mich für einen Spinner halten und fröhlich weiter Böses tun.

Doch es war kaum zu glauben. Auf meine mickrigen Worte hin fingen die Leute an, Buße zu tun. Sogar der König machte mit. Es war ihnen ernst. Sie sahen ihre Fehler ein, bereuten sie, baten Gott um Vergebung und – wie ich befürchtet hatte –: Gott verschonte sie.

Ich war stinkwütend. Die Aktion hätte Gott sich wirklich schenken können. Da geht er hin und rettet Israels Feinde! Und ich Depp muss dabei mitmachen. Wie sollte es denn jetzt weitergehen? Sollte ich wieder in mein Dorf gehen und dort erzählen: „Ich habe dafür gesorgt, dass unsere Todfeinde gut leben." Prima Idee! Meine Freunde und Nachbarn würden begeistert sein. Und selbst wenn ich es nicht erzählte. Die ganze Sache würde sich rumsprechen. Ich könnte mich nirgends mehr blicken lassen.

Am besten würde ich auswandern. Ach was, die ganze Sache war so verfahren: Am liebsten wäre ich tot. „Lass mich doch sterben, Gott!", schimpfte ich. Aber Gott dachte gar nicht daran. Ich vermute, die Lösung fand er zu einfach. Tot, dann brauchst du nichts mehr zu verändern. Musst dich unangenehmen Menschen und Situationen nicht stellen. Dann hat das Elend einfach ein Ende. So leicht wollte Gott es mir nicht machen.

Liebevoll kümmerte er sich um mich. Er ließ einen Rizinusstrauch wachsen, damit ich mich im Schatten ausruhen konnte. Doch kaum ging es mir ein wenig besser, da fraßen Würmer den Strauch ab. Unbarmherzig brannte die Sonne auf meinen Kopf. Der schöne Baum! Einfach abgefressen.

Gott versuchte, mir zu erklären, warum er Ninive nicht vernichtet hatte: „Jona, dir tut es leid um den Strauch. Du hast ihn nicht gesät und nicht für ihn gearbeitet. Trotzdem trauerst du um den Baum. Mir aber soll es nicht leidtun um Ninive? Um die vielen Menschen, die dort leben? Und auch um die Tiere?"

Mit diesen Worten Gottes endet meine Geschichte in der Bibel. Ob ich verstanden habe, was Gott meint? Ob ich es akzeptieren konnte, dass Gott auch meine Feinde liebt? Ob ich mich geändert habe? Was meinst du?

Ob Jona etwas gelernt hat aus seinen eindrucksvollen Erlebnissen mit Gott? Sturm und Fischbauch; eine Stadt, die auf sein Wort hin Buße tut; ein Rizinusstrauch und Würmer. Gott gibt sich viel Mühe mit dem störrischen, ungehorsamen und manchmal sogar frechen Jona. Mit machtvollen Zeichen und klaren Worten will er Jona auf seine Seite bringen.

Genauso wie Jona geht Gott auch uns nach. Immer und immer wieder. Ob wir auf ihn hören wollen oder nicht. Was auch immer wir verbockt haben. Gott gibt uns eine Chance. Mehr noch! Er müht sich um uns. Mit liebevoller Geduld und vielen guten Ideen.

 **Dem störrischen Gottesmann Jona widmet die Bibel im Alten Testament ein eigenes kleines Buch, das seinen Namen trägt.**

Ein unglaublicher Auftrag

Gabriels Botschaft verändert die Welt

SMS, E-Mail, Facebook – das sind eure Wege, Freunde zu treffen, Kontakt zu halten, Informationen auszutauschen. Zu meiner Zeit wurden wichtige Nachrichten durch einen Boten übermittelt. Das machte die Kommunikation zugegebenermaßen ein wenig umständlicher als heutzutage. Dafür war sie sehr viel persönlicher. Face to face sozusagen.

So ein Bote bin ich. Ein Gesandter von Gott. Ein Engel. In der Regel schickt Gott mich los, wenn er einen ganz konkreten Auftrag für einen ganz bestimmten Menschen hat. Meinen wichtigsten Job hatte ich vor mehr als 2000 Jahren. Nicht, dass ich mich in der Zwischenzeit gelangweilt hätte. Bei Gott gibt es immer genug zu tun. Aber dieser Auftrag war schon etwas ganz Besonderes.

Dabei waren die Umstände eher sehr gewöhnlich. Mein Weg führte mich in ein winziges Nest in einem unbedeutenden Land. Das Dorf hieß Nazaret und lag in Israel. Kein Mensch kannte dieses Kaff. Und auch im Himmel herrschte ein wenig Ratlosigkeit.

Wieso hatte Gott diesen Ort ausgesucht für eine Story, die die Welt verändern würde? Aber, er ist der Boss. Und so flog ich los. Ich sollte in Nazaret ein vollkommen unbekanntes junges Mädchen besuchen. Heute ist sie, würde ich mal behaupten, die berühmteste Frau der Welt. Und das hat mit meiner Botschaft zu tun.

Vielleicht hast du schon erraten, um wen es hier geht? Die junge Frau hieß Maria. Und sie wurde die Mutter Jesu. Die Mutter von Gottes Sohn. Kannst du dir vorstellen, was das für eine irrsinnige Aktion war?

Ich sollte einer netten, gut behüteten, frommen jungen Frau beibringen, dass sie das Kind Gottes empfangen würde! So was kann man nun wirklich nicht per SMS machen. Maria war verlobt. Wie würde sie ihrem Verlobten beibringen, dass sie schwanger war? In ihrer Haut wollte ich nicht stecken. Ob sie überhaupt begreifen würde, dass diese Zumutung eine besondere Auszeichnung war?

Ich hatte ein ganz schön mulmiges Gefühl, als ich in Nazaret ankam. In meinem Kopf und meinen Gefühlen herrschte ein ziemliches Chaos. Kein Wunder, dass ich vergessen hatte, mir eine geeignete Strategie zu überlegen. Hals über Kopf fiel ich bei Maria ein: „Sei gegrüßt, du Begnadete!", rief ich ihr zu. Die Ärmste fiel fast um vor Schreck. Da denkst du an nichts Böses und plötzlich fällt dir ein Engel vor die Füße. Etwas zerknirscht versuchte ich, meinen Fehler wiedergutzumachen: „Fürchte dich nicht! Du hast Gnade bei Gott gefunden", redete ich beruhigend auf sie ein. Als sie sich einigermaßen erholt hatte, erklärte ich ihr, was Gott mit ihr vorhatte. „Du wirst ein Kind empfangen, einen Sohn. Er wird der Sohn des Höchsten sein." Die junge Frau hatte einen ausgesprochen praktischen Verstand. „Wie soll das denn gehen? Ich bin doch mit keinem Mann zusammen", fragte sie mich.

Dass diese jungen Leute aber auch so direkt sind! Natürlich war die Frage mehr als berechtigt. „Der Heilige Geist wird über dich kommen. Für Gott ist nichts unmöglich", erklärte ich ihr. Ich war sehr gespannt. Ob ihr diese Erklärung reichte? Ich persönlich konnte mir nicht so genau vorstellen, wie Gott das bewerkstelligen wollte.

Maria schwieg eine ganze Weile. Nachdenklich sah sie mich an. Ich konnte förmlich sehen, wie die Gedanken und Gefühle in ihr Achterbahn fuhren. Ich muss sagen, ich hätte es gut verstanden, wenn sie diesen Auftrag abgelehnt hätte. Doch ihre Antwort verblüffte mich: „Ich bin die Magd des Herrn. Mir geschehe, wie du es gesagt hast." So ein grenzenloses Vertrauen in Gott! Das versetzte sogar einen altgedienten Engel wie mich in Erstaunen. Das zu erleben war ein wunderbares Geschenk. Ich war froh und dankbar, dass Gott mir diesen sonderbaren Auftrag erteilt hatte.

Immer wieder erzählt die Bibel von Engeln. Von Boten Gottes. Besonders berühmt ist der Engel Gabriel, denn seine Botschaft hat wirklich die Welt verändert. Jesus wurde durch Maria ein Mensch wie wir. In ihm ist Gott uns ganz nahegekommen. Auch vorher hatten die Menschen schon viel mit Gott erlebt. Aber jetzt konnten sie Gott in seinem Sohn spüren und sehen. Er freute sich mit ihnen, feierte, litt und starb sogar. Nicht alle Botschaften der Engel sind so entscheidend für die ganze Welt wie diese. Aber für jeden Menschen, der Besuch von einem Engel bekommt, verändert sich etwas. „Mich hat noch nie ein Engel besucht!", sagst du jetzt vielleicht. Jede Wette, dass doch? Engel, das müssen keine Männer mit blonden Locken und Flügeln sein. Engel können Menschen sein, die dir in großer Not beistehen; die dir von Gott erzählen; die da sind, wenn andere dich verlassen; die dir zeigen: Gott liebt dich! So wie du bist. Und er braucht dich. Er hat einen Auftrag für dich.

Von Marias Erlebnissen mit Gabriel liest du im Lukasevangelium, Kapitel 1, in den Versen 26 bis 38.

Kein herzloser Wirt

„Weil in der Herberge kein Platz für sie war." Ein winzig kleiner Satz. Klingt ganz sachlich. Hört sich sehr einfach an. Doch welches Drama sich in meinem Innern abgespielt hat, als ich die schwangere junge Frau abweisen musste, das kann sich niemand vorstellen. Im Gegenteil! Lange bin ich als herzloser Bösewicht abgestempelt worden. In unzähligen Krippenspielen haben Kinder sich geweigert, die Rolle vom bösen Wirt zu spielen. Aber so war das alles gar nicht!

Es war rappelvoll in Betlehem. Kaiser Augustus hatte die fixe Idee, seine Untertanen zählen zu lassen. Jeder Mann musste mit seiner Frau in seine Geburtsstadt ziehen. Dort ließen sie sich in eine Liste eintragen. Klar, Augustus ging es um Geld. Seine Soldaten mussten bezahlt, Straßen gebaut, Kriege geführt werden. Das sollten die Untertanen finanzieren. Ist bei dir heute ja noch genauso. Nur dass heute alle beim Einwohnermeldeamt eingetragen sind und deine Eltern per Computerklick vom Finanzamt festgenagelt werden können. So was gab es damals noch nicht. Man wusste ja nicht einmal, wie viele Untertanen es eigentlich gab. Also wurden alle erst einmal in Listen erfasst und gezählt. Das war vielleicht ein Chaos!

Hunderttausende zogen kreuz und quer durchs Land. In dieser Zeit konnten die Leute nicht arbeiten, kein Geld verdienen. Stattdessen mussten sie Herbergen bezahlen und irgendwo Brot kaufen. Natürlich war die Stimmung ziemlich gereizt. Geld ausgeben, um sich anschließend vom Kaiser noch mehr Geld abknöpfen zu lassen. Genial! Wir Wirte verdienten nicht schlecht an dieser Aktion. Unsere Häuser waren wochenlang voll. Aber das Ganze war auch Stress ohne Ende. Rund um die Uhr schufteten meine Frau und ich. Wir versuchten, den Leuten so gut es ging zu helfen. Wir sind gern Wirte. Wir mögen unsere Gäste, besonders die aus fremden Ländern. Gern lausche ich ihren Geschichten. Viele sehnen sich nach ihrer Heimat, ihren Familien zu Hause. Sie freuen sich, wenn wir ihnen zuhören. Wir bemühen uns, es ihnen angenehm und gemütlich zu machen. Aber daran war in den vergangenen Wochen nicht mehr zu denken.

In jener bewussten Nacht war es besonders schlimm. Bis zum letzten Quadratzentimeter war unser Haus belegt. Ich hatte mir ein Lager auf dem Boden neben der Haustür gemacht. Ununterbrochen klopften neue Gäste. Ich hatte eine Tafel aufgehängt: Belegt! Aber das nützte nichts. Niemand wollte auf der Straße übernachten und jeder hoffte, doch noch ein winziges Plätzchen zu finden.

Da klopfte es wieder. Völlig entnervt riss ich die Tür auf. Bevor der Mann auch nur ein Wort sagen konnte, hatte ich ihn auch schon angeblafft: „Kannst du nicht lesen? Ich habe keinen Platz mehr frei." Seltsamerweise war mein Ärger schon verraucht, bevor ich zu Ende gesprochen hatte. Etwas an diesem armseligen Paar vor meiner Tür rührte mich. Diese beiden waren genauso verdreckt, erschöpft und müde wie alle anderen in den letzten Wochen. Und doch, etwas war anders. Mit einem Blick hatte ich erfasst, dass die junge Frau hochschwanger war. Das auch noch! Geburt, das bedeutet Schmerzen, Geschrei und Dreck. Unter anderen Umständen wäre das ja vielleicht möglich gewesen. Meine Frau hat schon vielen Nachbarinnen in der Stunde der Niederkunft beigestanden. Aber so?

Die Frau schaute mich an. Mir direkt in die Augen. Sie war noch sehr jung. Und sie hatte Schmerzen. Lange würde das Kind sicherlich nicht mehr auf sich warten lassen. „Bitte", sagte ihr Mann. „Das Kind kommt!" „Das sehe ich", brummte ich ihn etwas unwirsch an.

Was um alles in der Welt sollte ich mit den beiden nur anfangen? Sie brauchten ein Dach über dem Kopf, so viel war klar. Besorgt kratzte ich mich am Kopf. Da durchzuckte mich ein Gedanke: Der Stall hinter unserem Garten! Nicht komfortabel, aber das war es in meiner Herberge zurzeit auch nicht. Dort wären sie wenigstens ungestört. „Geht um das Haus herum durch den Garten. Da findet ihr einen Stall. Es wird einigermaßen warm sein, denn die Tiere stehen dort. Es gibt Heu und Stroh. Daraus könnt ihr euch ein Lager machen." Ich zuckte hilflos mit den Schultern. „Mehr kann ich euch nicht anbieten." Die junge Frau lächelte unter Schmerzen. „Danke!", sagte sie leise.

Ich schaute ihnen nach, bis sie um die Hausecke verschwunden waren. Mitleid hatte ich mit den beiden. Und ich war traurig, dass ich ihnen nicht besser helfen konnte. Und doch war ich auch irgendwie glücklich und zufrieden. Wenigstens ein Dach hatte ich ihnen geben können. Das Kind würde nicht im Dreck der Straße auf die Welt kommen. Mehr war nicht drin gewesen. Aber das war wenigstens etwas.

In der Weihnachtsgeschichte der Bibel spielen Wirte überhaupt keine Rolle. Doch jeder kennt sie aus Krippenspielen und Weihnachtserzählungen. Auch mich beschäftigt der Wirt. Der, der die Hilfesuchenden abweist. Mit gutem Grund. Er hatte einfach keinen Platz mehr. Und doch … Ich kenne das gut: Ich kann wirklich nicht noch mehr Zeit erübrigen, um anderen zu helfen. Und doch … Fremde in unserem Haus und in unserer Stadt machen mir Angst. Gern verschließe ich die Tür vor ihnen. Und doch … So ein Wirt steckt auch in mir, daran erinnert mich die Weihnachtsgeschichte.

Die Geschichte von der Geburt Jesu in einem Stall kannst du nachlesen im Lukasevangelium, Kapitel 2, in den Versen 1 bis 20.

Eine unglaubliche Nacht

„Fürchtet euch nicht!", hatte der Engel uns zugerufen. Uns, den Hirten auf den Feldern von Betlehem. Eine gute Botschaft für Menschen, die eigentlich ständig mit Sorgen und Ängsten leben: vor Hungersnot, schlechtem Wetter, Krankheiten und Räubern. Und natürlich vor wilden Tieren, die unsere Herden und unser Leben bedrohen.

Und, ehrlich gesagt, ich hatte auch ziemlichen Respekt vor den himmlischen Scharen selbst, die uns doch mehr oder weniger überfallen hatten. Du musst dir vorstellen: Da wird der Himmel mitten in der Nacht strahlend hell. Stimmen ertönen, wo sonst die totale Stille herrscht. Selbst mein Vater und die anderen erwachsenen Hirten waren ganz schön erschrocken.

Eigentlich redet nie jemand mit uns. Wir gehören eher zum Abschaum der Gesellschaft. Und uns sagt ein Engel: „Euch ist heute der Retter geboren. Ihr werdet ein Kind finden, das in Windeln gewickelt in einer Krippe liegt." Echt krass! Ein Retter für uns. Für die Loser.

Als die Engel wieder weg waren, packten wir unsere Sachen und machten uns auf den Weg, dieses Kind zu suchen. Schon bald merkte ich, dass wir nicht allein unterwegs waren. Wir Hirten haben feine Augen und Ohren. Wie spüren förmlich die Gefahren um uns herum. Und hier witterte ich definitiv wilde Tiere.

Da, hinter dem Busch: War das der Schatten eines riesigen Bären? Dort bei den Bäumen: Knackten da Zweige unter den Pfoten eines hungrigen Wolfes? Über die Felsen: Schlich da ein schwarzer Panther gewandt im Schutz der Dunkelheit? Und drüben, am Rand der Wüste: Lauerte ein gewaltiger Löwe zwischen den Sandhügeln? Ich konnte seinen heißen Atem beinahe spüren. Doch – nichts geschah!

Neben mir, im trockenen Gras, fuhr laut zischend eine Natter auf. Schon hatte ich meinen Stab hochgerissen, um das giftige Tier zu erschlagen. Da schaute es mich an. Und seine Augen sagten mir: „Ich tue dir nichts. Nicht in dieser besonderen Nacht." Schon war die Schlange im Unterholz verschwunden.

Ich schüttelte mich. Das alles war wie ein seltsamer Traum. Schließlich gelangten wir zu einem Stall. Über dem Dach stand ein hell funkelnder Stern. Rings um uns herum waren die Wiesen in sein Licht getaucht. Und was wir dort sahen, verschlug uns den Atem: Auf der kleinen Weide lagen Lämmer, Ziegen, Kälber und Kühe. Und mitten unter ihnen: die wildesten Tiere. Eine Bärin lag friedlich neben einer Kuh. Ihre Jungen spielten miteinander. Ein Kalb und ein Löwe kauten einträchtig Stroh aus einem Futtertrog. Und ein Panther wanderte zwischen den Ziegenböcken umher.

Vorsichtig näherten wir uns dem Stall. Was mochte uns dort erwarten? Als wir die wacklige Tür öffneten, empfing uns eine wohlige Wärme. In einer Futterkrippe lag ein Baby. Es war in Windeln gewickelt, wie der Engel gesagt hatte. Mit einem Blick erkannte ich die Natter wieder, die ich unterwegs fast erschlagen hätte. Sie lag in der Krippe bei dem Kind. Anmutig hatte sie den Kopf gehoben. Ihre klugen Augen schauten mich an. „In dieser Nacht muss sich niemand fürchten." Dankbar setzten wir uns zu den Eltern des Kindes ins

Heu. Gemeinsam genossen wir den Frieden, der sich ringsum ausgebreitet hatte. Es war ein besonderer Friede. Er würde weit über diese Nacht hinaus wirken. Er würde uns alle verändern. Da war ich mir ganz sicher.

Schon der Prophet Jesaja ist – 700 Jahre vor Christi Geburt – davon überzeugt: Wenn der Retter der Welt kommt, wird er alles bisher Dagewesene gründlich auf den Kopf stellen. So gründlich, dass sogar die wilden Tiere friedlich bei Lämmern und Böcken liegen. Wir glauben, dass dieser Retter Jesus Christus ist. Mit seiner Geburt hat sich unsere Welt verändert: Er kommt zu den Wehrlosen, Armen und Kranken. Nicht die Mächtigen und Reichen sind wichtig. Niemand muss mehr allein sein mit seinen Ängsten, Fehlern und den Dunkelheiten seines Lebens. Jesus ist jedem von uns nah. Und er liebt uns, mit unseren Unzulänglichkeiten und unserer Schwachheit. Nicht Krieg, Streit und Neid geben unserem Leben Sinn und Ziel, sondern Friede, Versöhnung und Nächstenliebe.
Vielleicht sieht unsere Realität oft anders aus. Und oft genug spüren wir Gottes Nähe nicht. Aber manchmal ahnen und erleben wir auch: Der Friede Christi ist angebrochen. Er ist Wirklichkeit in unserer Welt. Für dich und für mich. Wenigstens in manch einer ganz besonderen Stunde.

Jesajas Visionen von einer veränderten Welt kannst du nachlesen im Buch Jesaja, Kapitel 11, in den Versen 1 bis 9.

Ruf in sternklarer Nacht

„Wir kommen daher aus dem Morgenland. Wir kommen, geführt von Gottes Hand." Viele singen dieses Lied, wenn sie als Sternsinger durch ihre Gemeinden ziehen. Sie singen von uns, den Weisen aus dem Morgenland, bekannt auch als die Heiligen Drei Könige. Dass Gott uns damals geführt hat, das wurde uns erst im Nachhinein so richtig klar. Ursprünglich war die ganze Sache ein gewaltiges Abenteuer.

Bei meinen Himmelsbeobachtungen hatte ich eine ungewöhnliche Stellung der Sterne entdeckt: Jupiter und Saturn begegneten sich. Hell blinkten und glitzerten sie am Firmament. Wie ein leuchtender Schweif lag ein strahlender Nebel hinter dem Planeten Jupiter. Zügig bewegte er sich vorwärts. Er war unterwegs. Irgendwohin. Stetig zog er auf seiner Himmelsbahn voran. Wie angezogen von einem fernen Ziel.

Nachdenklich strich ich mir über meinen Bart. Ich bin Balthasar, ein gelehrter Mann. Ich spreche verschiedene Sprachen. Ich kenne mich aus in der Philosophie, der Medizin, der Mathematik und der Sternenkunde. Nichts ist mir fremd und so schnell kann mich auch nichts beunruhigen. Doch dieser Stern raubte mir den Schlaf. Er schickte mir eine Botschaft. Aber ich konnte sie nicht verstehen.

Da meldete sich Besuch an. Ein junger Kollege namens Melchior. Auch er hatte schon seit einiger Zeit die Sterne beobachtet. Er hatte in alten Schriften geforscht, ob sie etwas über eine solche Sternkonstellation wissen. Und er war fündig geworden: Die Sterne kündigten die Geburt eines großen und mächtigen Königs an. Und er würde im Lande Juda zur Welt kommen. Melchior war sich ziemlich sicher.

Gemeinsam standen wir auf dem Dach meines Hauses und schauten in den Nachthimmel. Der Stern rief uns. Wir sollten dabei sein, wenn der Herrscher der Welt geboren wird. Und so beschlossen wir, in dieser sternenklaren Nacht dem Ruf des Sterns zu folgen. Aufbruch zu einer Reise ins Ungewisse.

Natürlich waren wir als Gelehrte schon oft gereist. Und an Geld mangelte es uns auch nicht. So gelang es uns schnell, eine taugliche Reisetruppe zusammenzustellen: Gepäckträger und Diener, Lasttiere und Proviant für viele Wochen.

Wir folgten dem Stern in das Land Israel. Nach vielen Wochen erreichten wir die Stadt Jerusalem. Hier lebte König Herodes in seinem prächtigen Palast. Gleich morgen würden wir ihn besuchen und

dem neugeborenen Herrscher huldigen. Für diese Nacht kehrten wir in einer Herberge ein. Kurz vor uns war eine andere Reisegesellschaft eingetroffen. Ihr Führer war ein hochgewachsener, farbiger junger Mann. Höflich stellte er sich vor: Caspar war sein Name. Auch er war, wie wir, ein sternenkundiger Gelehrter. Auch ihn hatten die Sterne hergeführt.

Wir beschlossen, gemeinsam vor Herodes zu treten. Doch wie groß war am nächsten Tag unser Erstaunen! Herodes wusste nichts von einem neugeborenen König! In seinem Palast war schon seit Monaten kein Kind geboren. Seine Frau war auch nicht schwanger. Ratlos schauten wir uns an. Die Botschaft der Sterne war klar und deutlich gewesen. Und doch stimmte irgendetwas nicht. Herodes holte seine Gelehrten herbei, um unsere Information zu überprüfen. Er war in großer Sorge. Ein neuer, mächtiger Herrscher! Er witterte einen Konkurrenten, der ihm den Thron streitig machen könnte. Doch der verschlagene, falsche Fuchs tat weiterhin freundlich. Wenn wir das Kind gefunden hätten, sollten wir ihn davon unterrichten. Dann könne auch er diesem neuen König huldigen. Wir glaubten ihm kein Wort!

Es war Abend geworden. Hell leuchtete der Stern in der Ferne. Caspar bemerkte es zuerst: „Der Stern! Er steht still!" Aufgeregt deutete Melchior zum Himmel: „Er ist angekommen!" Bedächtig lächelte ich meine Freunde an: „Ja! Lasst auch uns zum Ziel kommen." Noch in dieser Nacht zogen wir weiter. Wir gönnten uns kaum noch eine Pause. So kamen wir nach Betlehem, einem kleinen Dorf.

Der Stern stand über einem alten, baufälligen Stall. Doch wir waren erfüllt von einer tiefen Gewissheit: Hier war er geboren, der wunderbare König. Zögerlich betraten wir den Stall. Eine junge Frau lächelte uns entgegen. In ihren Armen hielt sie ein kleines Baby. Mit wachen, verständigen Augen schaute es uns an, als habe es auf uns gewartet. Ich sank auf die Knie nieder. Ich, ein alter Mann, reich an Geld, an Wissen und Erfahrung, war am Ziel meines Lebens angekommen.

Die Weisen aus dem Morgenland. Sie brachten dem Jesuskind reiche Geschenke: Gold, Weihrauch und Myrrhe. Jeder kennt und liebt diese Geschichte. Und jeder weiß genau: Das waren Könige. Und die hießen Caspar, Melchior und Balthasar. Genau betrachtet spricht die Bibel nicht von Königen, sondern von Magiern. Das waren kluge, gebildete Leute. Und die Bibel nennt auch weder eine Anzahl noch die Namen der weisen Männer. All das sind Zugaben, die viel später die Erzählung von den Sterndeutern ausgeschmückt haben. Aber warum sollten es nicht drei gewesen sein? Und die Anfangsbuchstaben ihrer Namen stehen gut als Segensgruß über unseren Haustüren: Christus mansionem benedicat: Christus segne dieses Haus!

Die ursprüngliche Geschichte kannst du nachlesen im Matthäusevangelium, Kapitel 2, in den Versen 1 bis 12.

Warten ohne Langeweile

Ich könnte dein Großvater sein, vielleicht auch dein Urgroßvater. Ich habe ein langes, ereignisreiches Leben hinter mir. Ich muss nicht mehr arbeiten. Meine Tochter versorgt mich mit Essen und wäscht meine Kleidung. Ich habe jetzt Zeit, viel Zeit. Die verbringe ich mit Warten. „O Gott, wie langweilig", wirst du sagen. Aber nein! Ich warte auf ein großartiges Ereignis.

In meiner Heimat, in Israel, scheint fast immer die Sonne. Oft sitze ich vor dem Haus und genieße die Wärme. Meine alten Knochen wollen nicht mehr so richtig. Das Laufen fällt mir schwer. Auch mit dem Sehen habe ich zunehmend Schwierigkeiten. Aber auf meiner Bank vor dem Haus ist das nicht schlimm. Nachbarn und Freunde kommen vorbei und halten ein Schwätzchen. Wer mehr Zeit hat, setzt sich zu mir.

Am meisten macht mir zu schaffen, dass ich vergesslich werde. „Mann, Opa, das hast du doch schon dreimal erzählt", sagt Levin, mein Enkelsohn, oft. Es nervt ihn, wenn ich nicht mehr weiß, was gestern war und morgen sein wird. Ich weiß das, aber ich kann nichts dagegen tun. Es tut mir weh, wenn er mir so über den Mund fährt.

Manchmal kommt Levin zu mir und erzählt, was er alles erlebt hat. Manchmal will er auch von mir wissen, was er tun soll, fragt mich um Rat. Dann sitzen wir gemeinsam in der Sonne und genießen, dass wir einander haben.

„Du sitzt hier immer, wie bestellt und nicht abgeholt", sagt er dann manchmal. „Noch nicht abgeholt", antworte ich dann immer. Das ist so eine Art Spiel von uns beiden. Levin weiß, dass ich warte. Gott hat mir versprochen: „Bevor du stirbst, wirst du den Retter der Welt sehen." Ich glaube fest daran, dass Gott dieses Versprechen wahr machen wird. Er wird mich abholen an meiner Bank und mir den Retter zeigen. Darauf freue ich mich sehr. Ich habe keine Ahnung, wie er das machen wird. Ich weiß auch nicht, wann das sein wird oder wie der Retter aussehen wird. Aber darüber muss ich mir auch keine Gedanken machen. Gott sei Dank! Denn meine Gedanken sind ja leider nicht mehr so ganz zuverlässig. Aber mein Wissen, dass Gott noch etwas Großartiges mit mir vorhat, sitzt glücklicherweise nicht nur in meinem Kopf. Es steckt viel tiefer in mir drin. Und deshalb ist mein Warten nicht langweilig. Das Warten füllt mich völlig aus. Levin spottet manchmal: „Wenn das mit deinen Augen so

weitergeht, muss sich der liebe Gott aber ein bisschen beeilen."

Das meint er gar nicht böse. Er hat Sorge, dass ich den Retter am Ende vielleicht gar nicht mehr sehen kann und furchtbar enttäuscht sein werde. Ich bin sicher, das wird kein Problem sein.

Und dann ist es eines Tages so weit. Ich bin unruhig. „Levin!", rufe ich. „Ich muss zum Tempel. Kannst du mir helfen?" Levins Lockenkopf taucht in der Tür auf: „Jetzt sofort?", fragt er. „Ja, es eilt." Levin seufzt. Er hat es schon schwer mit seinem wunderlichen Opa. Aber er kommt. Er nimmt meinen Arm, damit ich auf dem holprigen Weg zum Tempel nicht stolpere.

Im Tempel schauen wir uns um. Hinter uns kommt ein junges Paar durch das Tor. Die Frau trägt ein Kind im Arm. Der Mann zwei Tauben. Heftig überfällt mich die Gewissheit: Dieses Kind ist der versprochene Retter.

Ich gehe auf die Frau zu. Bittend schaue ich sie an. Ohne zu zögern, legt sie mir das Kind in die Arme. Überglücklich rufe ich zu Gott: „Nun lässt du, Herr, deinen Knecht, wie du gesagt hast, in Frieden scheiden. Denn meine Augen haben das Heil gesehen."

Ich weiß, dass die Eltern es nicht leicht haben werden mit diesem ganz besonderen Kind. Den Retter der Welt großzuziehen, das ist keine leichte Aufgabe. Deshalb segne ich sie. Gott möge ihnen Kraft schenken für all das, was er mit ihnen und dem Kind vorhat.

Du hast es wahrscheinlich längst durchschaut: Das Paar, das dort in den Tempel kam, das waren Maria und Josef. Und das Baby war Jesus. Auch der alte Mann hat in der Bibel einen Namen. Er hieß Simeon. Ob er tatsächlich so alt war, das weiß man nicht. Das kann man nur vermuten. Er spricht davon, dass er jetzt „in Frieden scheiden", das heißt sterben kann.

Simeon spürt und erkennt Dinge, die andere Menschen gar nicht wahrnehmen: Er weiß, dieses ganz normale Baby von Eltern, die ganz normal aussehen, ist etwas Besonderes, der Retter, Gottes Sohn. Andere würden da nur ein Paar sehen, das halt sein Kind, wie es sich gehört, in den Tempel bringt. Simeon sieht mehr, weil er damit rechnet, dass Gott in dieser Welt wirkt. Weil er Gott so etwas zutraut. Weil er bereit ist zu glauben, dass das, was er da sieht, von Gott kommt. Wer sich vorstellen mag, dass Gott wirklich da ist, der wird ihn auch in dieser Welt finden.

Simeons Geschichte kannst du nachlesen im Lukasevangelium, Kapitel 2, in den Versen 21 bis 40.

Heilige Familie auf der Flucht

Josef, Maria und Jesus verlassen ihre Heimat

Sie campieren in Zeltstädten, umgebauten Kirchen, Turnhallen, billigen Hotels. Keiner will sie haben. Den Flüchtlingen deiner Tage geht es nicht besser als uns damals. Vielleicht eher schlechter. Maria und ich fanden wenigstens überall ein Dach über dem Kopf und bekamen von mildtätigen Menschen etwas zu essen. Tausende Flüchtlinge deiner Zeit sterben, bevor jemand auch nur einen Finger für sie krumm macht!

Niemand verlässt seine Heimat, einfach so aus Spaß! Weil's ihm zu Hause zu gut geht. Flüchtlinge sind in großer Not. Viele fürchten um ihr Leben. So wie wir damals. Unser Sohn war grade in einem klapprigen Stall in Betlehem geboren, da kam ein Engel zu mir: „Josef, König Herodes will euer Kind töten lassen. Pack sofort alles zusammen! Nimm deine Frau und das Kind und flieh mit ihnen nach Ägypten!"

Der machte mir Spaß. Was hieß hier: Pack alles zusammen!? Wir hatten doch sowieso kaum etwas bei uns. Alles, was wir besaßen, war in unserem Heimatdorf Nazaret. Schließlich waren wir nur für die Volkszählung nach Betlehem gereist, die der Kaiser angeordnet hatte. Und jetzt sollten wir direkten Weges weiterziehen nach Ägypten?

Aber der Engel war nicht zu Scherzen aufgelegt: „Es ist wirklich ernst. Beeil dich!" Wie stellte er sich das vor? Maria war noch viel zu schwach. Und dann das Baby! So ein Neugeborenes braucht Ruhe, Wärme, Essen und Liebe. Keine stundenlangen Fußmärsche durch Berge und Täler, Wüsten und Flüsse! Verzweifelt schlug ich die Hände vors Gesicht.

Da zupfte jemand an meinem Jackenärmel. Ich schaute auf und sah in die dunklen Augen des Esels, der mit uns den Stall geteilt hatte. Aufmunternd nickte er mir zu. „Du meinst, wenn Maria mit dem Kind auf deinem Rücken reitet, könnte es gehen", übersetzte ich seinen freundlichen Anstoß. „Vielleicht hast du recht." Ich spürte, dass mir der zaghafte Zuspruch des Esels Mut machte. „Maria, ich werde den Besitzer des Esels suchen und ihn bitten, uns das Tier zu überlassen" erklärte ich.

Es gelang. Noch in derselben Nacht brachen wir auf: Maria, das Kind, der Esel und ich. Ehrlich gesagt hatte ich nur eine vage Vorstellung von der Reiseroute nach Ägypten. Meine Kenntnisse beruhten auf den Erzählungen der Kaufleute, die ab und an durch Nazaret zogen. Da war von Räubern die Rede und von Überfällen, von gleißender Hitze und Sandstürmen, trügerischen Bergschluchten und reißenden Sturzfluten. Alles in allem genug, um mir gewaltige Angst zu machen. Immerhin wusste ich, dass ich einen Weg zur Küste suchen musste. Ich hoffte, hier auf eine Karawane zu treffen, der wir uns anschließen könnten.

Wir bemühten uns, jede Begegnung mit den Soldaten des Herodes zu vermeiden. Selten zogen wir über die Hauptstraßen, sondern nutzten Nebenwege und Pfade. Um die angesagten Herbergen und Gasthäuser machten wir einen großen Bogen. Meist fanden wir freundliche Menschen, die Mitleid mit der jungen Mutter und dem Baby hatten. Sie gaben uns Essen und ein Dach über dem Kopf. Doch manchmal mussten wir auch unter freiem Himmel übernachten. Dann beschirmten uns die funkelnden Sterne und erinnerten uns daran, dass Gott auch in dieser Not immer für uns sorgte.

Wir kamen zügig vorwärts. Der Esel war gut ausgeruht und beschwerte sich nicht, wenn ich ihn zur

Eile antrieb. Allmählich ließ die Furcht nach, Herodes könne uns doch noch erwischen. Tatsächlich trafen wir auf eine kleine Karawane, die bereit war, uns aufzunehmen. Ich weiß nicht, was den Anführer dazu bewogen hat, mich alten Mann, eine junge Frau, ein Baby und einen inzwischen ziemlich erschöpften Esel mitzunehmen. Nach menschlichem Ermessen würden wir der ganzen Reisegesellschaft nur Schwierigkeiten machen. Ich vermute, dass Gott auch hier seine Hand im Spiel hatte. Anders kann ich mir das nicht erklären.

Viele Monate waren wir unterwegs, bis wir endlich den Nil erreichten. Wir waren angekommen. Alles hier war fremd: die Sprache, die Menschen, das Essen, die Feste, die Musik, die Häuser, die Gerüche. Unser Geld war längst aufgebraucht. Zum Glück war ich ein erfahrener und geschickter Zimmermann. So fand ich schnell Arbeit. Maria war ein liebenswerter Mensch. Rasch nahmen die Frauen sie in ihren Kreis auf. Und unser kleiner Jesus war der Sonnenschein des ganzen Dorfes. Uns ging es gut in der Fremde.

Gern möchte ich glauben, dass die Heilige Familie auf ihrer Flucht nach Ägypten auf viele freundliche Menschen getroffen ist, die ihnen den Weg und das Leben in der Fremde leichter gemacht haben. Die meisten Flüchtlinge erleben das leider nicht. Auch wenn sie bei uns angekommen sind. Wie verhalten wir uns, wenn wir Flüchtlingen begegnen? Machen wir ihnen mit einer kleinen Geste, einem freundlichen Wort Mut? Nehmen wir sie in unsere Gemeinschaft auf, auch wenn sie nicht so richtig zu uns zu passen scheinen? Weil sie anders aussehen? Eine andere Sprache sprechen? Andere Gewohnheiten haben? Uns vielleicht ein wenig Mühe machen? Menschen, die ihre Heimat verlassen müssen, brauchen uns, damit die Fremde ein neues Zuhause werden kann.

Von der Flucht der Heiligen Familie nach Ägypten berichtet das Matthäusevangelium, Kapitel 2 in den Versen 13 bis 15.

Freunde gesucht!

Wir waren Fischer: mein Bruder Simon, unsere Freunde und ihre Eltern. Wir alle lebten von dem, was der See Gennesaret uns Tag für Tag schenkte. Mal war das viel, und wir priesen Gott für seine Güte. Mal war der Fang eher karg. Dann dankten wir für das Wenige, das Gott uns gab. Wir waren zufrieden mit unserem Leben. Und doch zögerten wir keinen Augenblick, als Jesus kam und uns zu Menschenfischern machte.

Fischen, das kannst du nicht allein. Sportangeln vielleicht. Aber nicht, wenn du genug Fische brauchst, um den Lebensunterhalt einer Familie damit zu verdienen. Die großen Boote müssen von mehreren Männern gerudert werden, von den Segelschiffen mal ganz zu schweigen. Die langen, schweren Netze kann eine Besatzung allein gar nicht bewältigen. Da arbeiten immer mehrere Mannschaften gemeinsam. Und dann die Fische sortieren und verarbeiten. Was glaubst du, was das nach einem guten Fang für eine Arbeit war? Und schließlich müssen die Boote gereinigt, die Netze immer und immer wieder geflickt werden. Einer allein hat da ganz schlechte Karten.

In der Familie eines Fischers wird jeder gebraucht, muss jeder seinen Beitrag leisten. Und dann sind da die Nachbarn und die Freunde. Fischer sind immer füreinander da. Fischer sind eine große Gemeinschaft.

Das heißt natürlich nicht, dass wir immer einer Meinung sind. Natürlich haben wir auch Streit. Auch bei uns gibt es Neid und Eifersucht, fühlt sich jemand ungerecht behandelt oder ist über irgendwas beleidigt. Aber, im Zweifel können wir uns immer aufeinander verlassen. In der Familie und auch im Freundeskreis. Gemeinsam haben wir so manchem Sturm getrotzt. Hungerzeiten überstanden. Schwere Krankheiten getragen. In Leid und Tod miteinander getrauert. Das ist ein gutes Gefühl. Das macht stark. Und – heute glaube ich – das wusste Jesus, als er zu uns kam.

Es war an einem ganz gewöhnlichen Abend. Der See glitzerte in den letzten Strahlen der Sonne. Simon und ich hatten beschlossen, heute ohne Boot zu fischen. Wir warfen unsere Netze im flachen Ufergewässer aus. Unsere Freunde Jakobus und Johannes machten zusammen mit ihrem Vater Zebedäus ihr Boot startklar. Sie winkten uns zu. „Ist eure Mutter wieder gesund?", brüllte Johannes uns zu.

„Ja, danke der Nachfrage. Die Kräuter, die deine Mutter geschickt hat, haben wunderbar geholfen", schrie ich zurück.

Im gleichen Moment stolperte ich über einen großen Stein. Ich verlor das Gleichgewicht, ruderte hilflos mit den Armen in der Luft und, ehe ich wusste, wie mir geschah, lag ich auch schon im Wasser. Als ich hustend und prustend wieder auftauchte, lachten und gröhlten die anderen vor Vergnügen. Tja, wer den Schaden hat, braucht für den Spott nicht zu sorgen. Ich schüttelte mir das Wasser aus den Haaren und lachte mit. War ja auch wirklich zu blöd!

Jesus hatte wohl schon eine ganze Weile am Ufer gestanden und uns zugeschaut. „Kommt her, folgt mir nach! Ich werde euch zu Menschenfischern machen", sagte er. Damals haben wir wohl nicht wirklich verstanden, was Jesus von uns wollte. Aber wir spürten, dass es etwas Großes und Wichtiges war. Sofort ließen wir unsere Netze liegen und folgten ihm. Drei Jahre lang waren wir mit Jesus unterwegs. Und heute denke ich: Jesus wollte kein Einzelkämpfer sein. Er suchte Freunde, eine starke Gemeinschaft, um seine Botschaft zu den Menschen zu bringen. Und das sind wir Fischer: starke Freunde.

Jesus ist ein Super-Typ. Der Sohn Gottes. Er heilt Menschen, wirkt Wunder, erzählt kluge Geschichten, setzt sich für die Unterdrückten und Armen ein. Das alles hat er nicht gemacht, weil er sich selbst so toll fand. Sondern weil er den Menschen zeigen wollte: „Gott ist für euch da. Er ist nicht weit weg. Er kümmert sich um euch." Das war eine riesige Botschaft. Und der Super-Mann Jesus weiß ganz genau: „Das schaffe ich nicht allein. Ich brauche Freunde." Jesus wählt seine Freunde klug aus. Er sucht sie nicht bei den Reichen, den Stars oder denen mit der großen Klappe. Er geht zu denen, die wissen, wie wichtig es ist, in guten und in schwierigen Zeiten zueinander zu stehen.

Im Matthäusevangelium, Kapitel 4, in den Versen 18 bis 22 beginnt Jesus, Freunde um sich zu sammeln.

Ein Herz für andere

„Toll, dass du da bist. Schön, dass du kommst!" Das hört jeder gern. Es tut gut, willkommen zu sein. Dazuzugehören. Ich war ein Zöllner. Einer, der anderen das Geld abknöpft. Die meisten Menschen machten einen großen Bogen um mich. Ich gehörte nie dazu. Bis Jesus zu mir kam.

Ha! Was diese Dörfler so „rege" nennen. Weltstädte wie Jerusalem oder gar Rom lachen über unsere schlappen 1.000 Einwohner. Ich, der Zollbeamte Matthäus, bin einer von ihnen. Hier, in Kafarnaum, endet der Machtbereich des Herodes Antipas. Oder hier beginnt er. Egal in welche Richtung man unterwegs ist, jeder muss an meiner Schranke vorbei.

Und jeder zahlt Zoll: die Händler, die Fischer, die Marktfrauen, die Handwerker. Ich kassiere von jedem. Und das nicht zu knapp. Denn an diesem Geld wollen viele verdienen. Zunächst einmal Herodes, Tetrarch von Galiläa. Klingt gut. In Wirklichkeit ist er ein kleiner Möchtegern-König. Ein winziger Abklatsch seines großen Vaters.

Die wirklichen Machthaber sind die Römer. Sie lassen Herodes gnädigerweise das Gebiet verwalten. Dafür kassieren sie ordentlich von ihm. Zu seinem Schutz und zur Überwachung lungern ständig römische Soldaten bei uns herum. Sie sind bereit zuzuschlagen, wenn Herodes die Leute nicht mehr unter Kontrolle halten kann.

Was jederzeit passieren könnte. Denn die Juden hassen die Römer. Und sie hassen mich. Weil ich für die Römer arbeite. Und weil ich natürlich auch am Zoll verdienen will. Mit den Zollbestimmungen nehme ich es nicht so genau. Hier mal ein paar Kilo Getreide zu viel berechnet. Da ein paar Schekel mehr, weil mir jemand dumm kommen will.

Ich muss ja schließlich auch von irgendetwas leben.

Brütend heiß hängt die Sonne am Himmel. Kein Windchen regt sich vom See her. Schon seit Stunden sitze ich an der verdammten Zollschranke. Der „rege Verkehr" beschränkt sich auf ein paar lausige Bauern. Die können kaum den regulären Zoll zahlen. Geschweige denn meinen „Aufpreis".

Sie jammern und betteln in einer Tour: „Wovon sollen wir denn unsere Kinder ernähren?" „Sei nicht so hartherzig!" Ich bin doch kein Wohltätigkeitsverein! Kein Geld, kein Durchgang. „Halsabschneider, Dieb, Schurke", nennen sie mich.

Wer kommt denn da die Straße herauf? Ah – jetzt kann ich ihn erkennen. Das ist dieser Jesus. Wo hat er denn heute seine Kumpel? Der arme Schlucker hat sicher nichts zu verzollen.

Trotzdem kommt er zu mir. Er schaut mich an. Unruhig rutsche ich auf meinem Schemel hin und her. Ich winke ihm, damit er weitergeht. Aber er bleibt einfach stehen und sieht mich an. Nein! Er sieht in mich hinein. Mir wird abwechselnd kalt und heiß. „Matthäus, folge mir nach!", sagt er. „Der spinnt", schießt es mir durch den Kopf. Und gleichzeitig spüre ich, dass ich nichts lieber will. Ich will mit Jesus gehen.

Ich bin Petrus. Ein guter Freund von Jesus. Ich bin sicherlich sein größter Fan. Aber ich glaube, jetzt ist Jesus wahnsinnig geworden. Völlig übergeschnappt. Ich meine, ein bisschen seltsam war er von Anfang an. Aber jetzt ist er völlig neben der Spur. Was zu viel ist, ist zu viel!

Da sitzt er mit diesem Obergauner und Römerfreund Matthäus beim Essen! Andreas kommt. Er ist völlig außer Atem: „Er will ihn sogar in unsere Gemeinschaft einladen!" Das kann ich nicht glauben. Wie oft hat dieser Schurke mich schon bis aufs Hemd ausgenommen, wenn ich auf den umliegenden Märkten meine Fische verkaufen wollte! Oh nein!

Mit dem gehe ich keinen Schritt zusammen. Da kommt Jesus. Und im Schlepptau hat er tatsächlich diesen elenden Mistkerl. „Spinnst du eigentlich?", fauche ich Jesus an. Ganz still ist es um uns herum geworden. „Petrus, ihr müsst barmherzig sein! Ich bin gekommen, um die Sünder zu rufen, nicht die Gerechten", sagt Jesus ernst.

„Barmherzig" ist ein altertümliches Wort. Es bedeutet: ein Herz haben für andere. Besonders für die, die in Not sind. Es ist leicht, mit denen befreundet zu sein, die nett sind und schön und begabt und freundlich. Aber Jesus bittet uns, das Herz zu öffnen für die, die es schwer haben. Für die, die niemand mag. Dass Menschen abgelehnt werden von anderen, das kann viele Gründe haben: uncoole Klamotten, seltsame Marotten, Geiz oder Prahlerei, eine fremde Sprache oder eine andere Hautfarbe. Was auch immer es ist: Diese Menschen sind meist sehr unglücklich. Und Jesus bittet: Versuch mal, über das hinwegzusehen, was dich so stört und ärgert und aufregt. Schau auf den Menschen, der Freunde braucht!

Wie der Zöller Matthäus ein Freund Jesu wird, kannst du nachlesen im Matthäusevangelium, Kapitel 9, in den Versen 9 bis 13.

Unter Halunken und Halsabschneidern

Ich hatte Geld. Viel Geld. Mir gehörte das größte und schönste Haus in ganz Jericho. Ich trug kostbare Kleider, und jeden Tag bereiteten mir Diener die köstlichsten Speisen. Ich war rundum gut versorgt. Doch eines fehlte mir: Ich hatte keine Freunde.

Niemand besuchte mich. Niemand lud mich ein. Niemand hielt einen unbeschwerten Schwatz mit mir oder schüttete mir sein Herz aus. Im Gegenteil: Die Leute wechselten die Straßenseite, wenn sie mir begegneten, als hätte ich eine ansteckende Krankheit.

Dabei war mein einziger Makel mein Beruf. Ich war Zöllner. Okay, das war zu meiner Zeit kein sehr angesehener Beruf. „Halunke, Halsabschneider, Betrüger, Ausbeuter." Das waren die freundlicheren Ausdrücke, mit denen ich beschimpft wurde. Ich muss zugeben, dass es für meine Landsleute nicht sehr angenehm war, wenn ich auftauchte. Denn ich trieb für die Römer, unsere Besatzer, die Steuern ein. Einen Teil des Geldes musste ich an die Römer weitergeben. Den Rest konnte ich behalten. Und wie hoch dieser „Rest" war, das lag in meinem Ermessen. Na ja, und ich wäre natürlich nie so reich geworden, wenn ich an diesem „Rest" nicht ordentlich verdient hätte. Was natürlich wiederum hieß, dass die Leute mir viel Geld bezahlen mussten. Deshalb hassten sie mich und mieden mich wie die Pest.

Doch dann geschah etwas, das mein Leben von Grund auf veränderte. Ich war auf dem Heimweg von der Arbeit. Menschen hasteten an mir vorüber. Ungewöhnlich viele, stellte ich erstaunt fest. In der Ferne hörte ich laute Rufe und Schreie. Da musste etwas passiert sein! Neugierig ließ ich mich mit der Menge vorwärtstreiben. „Rabbi, hilf mir!" „Jesus, erbarme dich meiner!" „Lasst mich durch, ich will ihn anfassen!" Das war der blanke Wahnsinn! Jesus war in der Stadt, und jeder wollte ihn sehen. Ihn berühren. Womöglich von ihm geheilt werden.

Die Menschen schubsten und drängelten sich vorwärts. Da ich zu meinem großen Leid ziemlich klein und schmächtig bin, hatte ich keine Chance. Aber auch ich wollte Jesus sehen. Einen Blick auf diesen Wundertäter werfen, der da seit einiger Zeit durch unser Land zog. Ich betrachtete eine Weile die Menschenmasse, in deren Mitte sich offenbar Jesus befand. Sie bewegte sich vorwärts Richtung Marktplatz.

Wenn ich schnell genug vorauslief, würde ich dort möglicherweise einen guten Platz finden, bevor Jesus eintraf. Gedacht, getan. Völlig außer Atem stolperte ich auf den Platz. Gehetzt schaute ich mich um. Der Baum dort. Das war es! Von dort oben hatte ich bestimmt eine gute Sicht. Beherzt raffte ich mein Gewand zusammen und kletterte auf den Baum. Keine Sekunde zu früh. Da kamen sie. In ihrer Mitte ein junger Mann.

Ausgerechnet unter meinem Baum blieb Jesus stehen. Besser konnte es gar nicht laufen. Doch dann blieb mir fast das Herz stehen. Jesus schaute zu mir hinauf. Durch die Zweige und Blätter hindurch hatte er mich erblickt. „Zachäus, komm vom Baum herunter. Ich will heute bei dir zu Gast sein." Das war unglaublich. Noch nie hatte jemand freiwillig mein Haus betreten. Ich kam gar nicht schnell genug vom Baum herunter. Überglücklich purzelte ich Jesus vor die Füße. Seite an Seite gingen wir zu meinem Haus.

Die Leute waren mindestens genauso fassungslos wie ich. Jesus kehrte bei einem Sünder ein. Er ließ sich nicht von irgendeinem braven, frommen Mann bewirten, sondern von mir. Dem Halunken und Halsabschneider.

„Herr, die Hälfte meines Vermögens will ich den Armen geben. Und wenn ich von jemandem zu viel gefordert habe, dann will ich es ihm vierfach zurückgeben", versprach ich Jesus. Da sagte Jesus zu mir: „Heute ist diesem Haus Heil geschenkt worden. Denn ich bin gekommen, um zu retten, was verloren ist." So war es. Jesus hat mich gerettet und geheilt. Nicht von einer grausigen Krankheit, sondern von meinem kriminellen Leben und meiner Einsamkeit.

Jesus will bei Zachäus zu Gast sein. Er will ihn, den Halunken, in seinem Haus besuchen. Es interessiert ihn nicht, wie Zachäus an das viele Geld gekommen ist, und was er damit macht. Jesus verlangt auch nicht, dass Zachäus sich erst mal ändern, ein besserer Mensch werden soll. Er vertraut ihm und bietet ihm seine Freundschaft an. Jesus weiß, dass wir Menschen nicht perfekt und fehlerlos sind. Er will unser Freund sein. So wie wir sind. Mit all unseren Fehlern und Makeln.

 **Die Geschichte vom Zöllner Zachäus kannst du im Lukasevangelium lesen, Kapitel 19, in den Versen 1 bis 10.**

Was zu viel ist, ist zu viel

Stell dir vor: Du warst eine ganze Woche lang der Mustersohn, die Vorzeigetochter. Aufstehen, ohne zu murren. Teller leer gegessen, ohne am Essen herumzumäkeln. Freiwillig in der Küche beim Abwasch geholfen und das Leergut weggebracht. Klamotten weggeräumt oder in die Wäsche befördert. Die Nachbarn freundlich gegrüßt und mit der kleinen Schwester gespielt. Hausaufgaben vorbildlich erledigt und kein einziges Mal vergessen. Flimmerzeiten eingehalten, ohne dass jemand Druck machen musste. Rechtzeitig im Bett, ohne Stress zu machen.

Und am Ende dieser Woche sagen deine Eltern: „Alles schön und gut. Aber eigentlich könntest du jetzt noch deinen Computer und die Playstation verkaufen und das Geld armen Kindern schenken!" Patsch! Das ist mindestens genauso schlimm wie eine schallende Ohrfeige! Kein Lob. Keine Aufmunterung. Kein Stolz, dass du so super spurst. Nix. Nur noch mehr Forderungen. Und zwar nicht zu knapp. Vermutlich wärst du sehr gekränkt. Enttäuscht. Traurig. Vielleicht auch wütend.

Genau das ist mir mit Jesus passiert. Glaubst du nicht? Kannst du dir nicht vorstellen? Schließlich ist Jesus doch der verständnisvolle Super-Typ. Ha! Das hatte ich auch gedacht.

Ich bin in einer frommen Familie groß geworden. Von klein auf habe ich gelernt, mich an Gottes Gebote und Regeln zu halten. Das tue ich, und es macht mir sogar Freude. Ich habe gemerkt, dass diese Regeln meinem Leben Halt geben und vieles sehr sinnvoll ist. Ich bete viel, gehe zur Kirche, kümmere mich um Arme und Bedürftige.

Das kann ich ganz gut tun, denn ich verfüge über einen gewissen Wohlstand. Ich gehöre zu den Reichen in unserer Stadt. Ich werde in wichtigen Fragen zu Rate gezogen. Ich habe viele Freunde. Eigentlich könnte ich ganz zufrieden sein mit meinem Leben. Aber irgendwo tief in mir nagt eine beständige Unruhe. Ist das wirklich das wahre Leben? Gibt es da nicht vielleicht doch noch mehr? Hier im Jetzt und später im ewigen Leben?

Eines Tages hörte ich von Jesus. Man erzählte sich die erstaunlichsten Geschichten über ihn. Er heilte Kranke; machte 5.000 Leute mit fünf Broten satt; wanderte über einen See und sorgte dafür, dass ein schlimmer Sturm plötzlich still war. Er kümmerte sich um die Armen. Ausgestoßene und Sünder zählten zu seinen Freunden. Ein ausgefallener Lebensentwurf! Aber irgendwie faszinierte er mich. Offenbar hatte dieser Jesus einen ganz besonderen Draht zu Gott. Er nannte ihn „seinen Vater".

Irgendwie hatte ich das Gefühl: Wir passen zusammen. Schließlich war ich auch fromm. Auch ich setzte mich für andere ein und sorgte gut für alle, die mir anvertraut waren. Vielleicht könnte Jesus mir einen guten Tipp geben, was ich sonst noch tun könnte, damit Gott mit mir zufrieden ist. Schneller als gedacht ergab sich die Gelegenheit, Jesus kennenzulernen. Er zog mit seinen Freunden durch unsere Gegend. Begeistert lief ich ihm entgegen. Ich fiel vor ihm auf die Knie: „Guter Meister, was muss ich tun, um das ewige Leben zu gewinnen?", fragte ich ihn. „Halte die Gebote!", antwortete er mir. „Das habe ich von meiner Jugend an getan", erwiderte ich ihm. Da schaute er mir tief in die Augen. Es war, als würde er mir bis ins Herz hineinsehen. „Geh, verkaufe, was du hast. Gib dein Geld den Armen. Dann komm und folge mir nach!"

Es war, als hätte er mir einen Schlag versetzt. In meinem Kopf drehte sich alles. Meinen Reichtum sollte ich aufgeben? Ohne Geld und Besitz durch das Land ziehen wie ein armer Schlucker? Nein, bei aller Liebe, das konnte ich nicht. Taumelnd kam ich auf die Beine. Ich konnte Jesus nicht in die Augen schauen. Meine Kehle war wie zugeschnürt. Grußlos wandte ich mich um und ging davon.

Kann man den jungen Mann nicht gut verstehen? Jetzt tut er schon so viel für Gott, und dann reicht das immer noch nicht. Jesus will noch mehr von ihm. Das ist schon ein Hammer.

Wenn man sich die Geschichte in der Bibel einmal genauer anschaut, dann geht es eigentlich nicht darum, dass Jesus noch mehr will. Er möchte, dass der junge Mann sich von dem befreit, was ihn Tag für Tag beschäftigt, was ihm Sorgen macht, was sein Handeln, seine Gedanken und Gefühle hindert, ganz bei Gott zu sein. Jesus sagt das, weil er den Mann liebt. Nicht, weil er ihm das Leben schwer machen will.

Es gibt sehr unterschiedliche Dinge, die die Menschen für so wichtig halten, dass sie nicht darauf verzichten wollen oder können. Für viele ist das in der Tat der Reichtum, der Besitz. Für manche ist es das Gefühl, Macht über andere zu haben. Oder der Wunsch, von anderen bewundert zu werden. Auf all das zu verzichten ist unglaublich schwer.

Die Geschichte kannst du nachlesen im Markusevangelium, Kapitel 10, in den Versen 17 bis 27.

Very Important Persons

Mein Name ist Samuel. Meinen Vater kenne ich nicht. Er ist ein römischer Soldat. Sagt jedenfalls mein Großvater. Bei ihm lebe ich, seit meine Mutter tot ist. Nicht unproblematisch, wie du dir sicherlich vorstellen kannst.

Großvater hat es nicht leicht. Meine Großmutter ist schon sehr früh gestorben. Er musste seine Tochter allein großziehen. Und dann bekam sein Liebling ein uneheliches Kind. Mich. Die Leute haben sich das Maul zerrissen. Meine Mutter starb bei meiner Geburt. Großvater biss die Zähne zusammen, nahm seinen ungewollten Enkel zu sich und wickelte Windeln. Absolut keine Männerarbeit. Aber wer hätte das sonst tun sollen? Wir hatten keine Verwandten.

Großvater kocht für uns. Ich kümmere mich um die Wäsche. In seiner kleinen Werkstatt zeigt er mir, wie Leder bearbeitet wird. „Du musst ja mal von irgendwas leben", brummt er dann in seinen Bart. Wenn ich krank bin, wacht er an meiner Schlafmatte. Und wenn die anderen Kinder im Dorf über mich lachen, dann drückt er mich an sich.

Trotzdem bin ich oft traurig. Wenn ich sehe, wie eine Mutter ihr Kind in den Armen wiegt. Wenn ein Vater stolz die Hand auf die Schulter seines Sohnes legt. Dann brennt es in meinen Augen und irgendwo tief in mir drinnen.

Manchmal überkommt mich auch eine unglaubliche Wut: Warum habe ich keine Eltern? Warum haben meine Eltern mich so im Stich gelassen? Dann schmeiße ich den Holzteller an die Wand. Oder fege Großvaters Werkzeug von seinem Arbeitstisch. Neulich ist bei so einer Aktion der große Wasserkrug zerbrochen. Ich hatte mit voller Kraft dagegengetreten. Als Großvater die Bescherung sah, hat er mich nur traurig angeschaut und dann die Scherben weggeräumt.

Heute sitzen wir gemeinsam in der Werkstatt. Auf der Straße ist es unruhig. „Seltsam. Wo wollen die Leute alle hin?", wundert sich Großvater. Er steht auf und geht zur Tür. Eine junge Frau läuft vorüber. Sie hält ein Kind im Arm. „Was ist hier draußen los?", fragt er sie. „Jesus ist im Dorf! Ich will, dass er mein Kind segnet", ruft sie zurück. „Jesus?!" Nachdenklich schaut Großvater mich an. „Komm mit!", sagt er plötzlich.

Was soll das denn jetzt? Dieser Jesus ist mir total egal. Ein wundertätiger Spinner. Hab' ich so gehört. Aber Großvater zieht mich mit sich. „Los! Komm!", befiehlt er. Auf dem Dorfplatz ist es furchtbar voll. Ich sehe viele Leute mit Kindern. Von vorne höre ich schroffe Stimmen.

„Lasst Jesus in Ruhe! Packt eure Bälger und verschwindet! Die kleinen Schreihälse sollen endlich still sein. Wir können ja gar nicht verstehen, was Jesus sagt!" Unbeirrt schiebt Großvater mich durch die Menge. Und plötzlich stehe ich direkt vor Jesus.

Er ist ziemlich sauer. „Lasst die Kinder zu mir kommen. Hindert sie nicht daran!", fährt er die Menschen um sich herum an. Dann schaut er mich an. Er kommt auf mich zu und legt mir die Hände auf den Kopf. Der Schmerz in meinem Innern lodert wie ein mächtiges Feuer. „Du bist Gottes geliebtes Kind", sagt Jesus. „Gott selbst beschützt dich wie ein guter Vater. Und er liebt dich wie eine gute Mutter." Woher weiß er das? Wer hat diesem Fremden von meiner Not erzählt? Tränen laufen mir über die Wangen. Ist mir total egal, was die anderen jetzt von mir denken. Jesus nimmt mich in die Arme. Er hält mich ganz fest.

Ich spüre, wie die Flammen in mir zusammenfallen. Das Feuer erlischt. Ich wische mir mit dem Ärmel über die Augen und schaue zu Jesus hoch. Doch der schaut zu meinem Großvater hinüber und lächelt ihn an: „Ich sage euch: Wer das Reich Gottes nicht so annimmt, wie ein Kind, der wird nicht hineinkommen", erklärt er.

Großvater nickt bedächtig. Er sieht sehr glücklich aus.

Kinder haben nichts zu melden. Kinder sollen den Mund halten, unauffällig sein, nicht stören und keine Probleme machen. So wären sie vielen Erwachsenen wohl am liebsten.

Aber Kinder sind anders. Kinder haben Wünsche und Bedürfnisse. Kinder haben Nöte und Ängste. Kinder wollen ernst genommen und geliebt werden.

Jesus stellt die Kinder in den Mittelpunkt. Und er erteilt den Erwachsenen eine wichtige Lektion: „Die Kinder gehören in die Mitte des Lebens. In der Kirche, der Gesellschaft, der Familie, bei der Arbeit oder in der Freizeit."

Er stellt sie unter den Schutz und Segen Gottes. Gott ist ihnen ganz besonders nahe.

 **Lies die Geschichte nach im Markusevangelium, Kapitel 10, in den Versen 13 bis 16.**

Urlaub für Jesus

Sommer, Sonne, Palmenstrand. Ausschlafen, faulenzen, chillen, bis nichts mehr geht. So sehen vermutlich bei dir und deinen Freunden die Ferien aus. Vielleicht gehen einige auch wandern, machen Radtouren oder besichtigen historische Stätten und Museen? Bei Jesus sah der Urlaub ein wenig anders aus. Zum Glück hat auch er ab und an eine Auszeit genommen.

Wandern gehörte zu unserem Alltagsgeschäft. Als Anhänger des Wanderpredigers Jesus waren wir ständig zu Fuß unterwegs. Meist folgten uns riesige Menschentrauben. Die Leute wollten Jesus hören, ihn sehen, berühren, geheilt werden, Fragen stellen, Wunder erleben ... Vom frühen Morgen bis zum späten Abend ging das so. Manchmal fanden wir nicht einmal Zeit zum Essen. So zahlreich waren die Leute, die kamen und gingen.

Ich fand das ziemlich stressig. Und ich glaube, Jesus ging das ähnlich. Denn ab und an zog er sich zurück. Irgendwohin, wo er seine Ruhe hatte. Jesus war klar, ständig nur powern, das schafft keiner. Das führt zum Burnout, wie ihr heute sagt. Kennst du bestimmt aus der Familie, von Verwandten oder Freunden: Wer immer nur arbeitet, keine Zeit mehr für sich hat, der wird krank.

Jesus achtete sehr darauf, dass auch wir, seine Freunde, freie Zeit hatten. „Kommt mit an einen einsamen Ort, wo wir allein sind, und ruht ein wenig aus!", forderte er uns auf.

Ihr würdet wohl sagen: Jesus lud uns ein, mal ausgiebig zu chillen. Manchmal war das schwierig, weil die Leute Jesus regelrecht verfolgten. Aber wenn es gelang, tat es unendlich gut: Jesu Fürsorge, die Ruhe, keine Menschenmassen.

Wenn ich so entspannt unter einem Baum lag, dann spürte ich auf einmal die wohltuende Wärme der Sonne. Ich hörte die Vögel zwitschern. Sah eine Blume in den Spalten des kargen Erdreiches blühen.

Die Sandalen hatte ich ausgezogen. Meine Füße kribbelten ein bisschen und ich wackelte mit den Zehen hin und her. Neben mir hatte sich Andreas auf einen Stein gesetzt. Mucksmäuschenstill beobachtete er eine Eidechse, die sich zutraulich neben ihm sonnte.

Wie lange hatte ich das alles nicht mehr wahrgenommen? Hatte keine Zeit gefunden, Gottes wunderbare Schöpfung zu würdigen? Mein Herz floss über vor lauter Dankbarkeit. Alles in mir war ein einziges Gebet. Und ich glaube, so ging es uns allen.

Diese Auszeiten waren Stunden einer ganz besonderen Nähe zueinander und zu Gott. Sie gaben Jesus und uns allen Kraft und Mut für die nächsten Schritte auf seinem anstrengenden und schwierigen Weg.

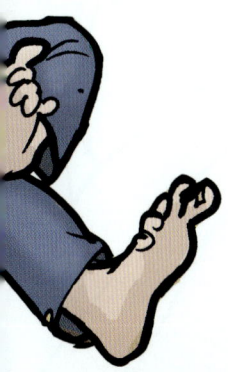

Ferien, Urlaub, freie Zeit – das ist ein unglaublich wertvolles Geschenk für uns. Zum einen, weil sich Körper und Geist endlich mal vom Schul- und Berufsstress erholen können. Aber sicher auch, weil wir in der Ruhe, die uns umgibt, die Nähe Gottes ganz besonders gut spüren können.
Wer mit offenen Augen und Ohren und einem bereiten Herzen diese Zeit erlebt, für den wird sie viel mehr als sechs Wochen chillen. So jemand kann Gott begegnen: in der Natur, in Spiel und Spaß, in der Gemeinschaft mit lieben Menschen, im Gebet.

 **Jesu Einladung zur Auszeit findest du im Markusevangelium, Kapitel 6, in den Versen 30 bis 32.**

Brot ohne Ende

Seit einigen Wochen zieht Jesus von Nazaret, der Sohn des Zimmermanns, durch die Dörfer am See Gennesaret. Auf seinem Weg heilt er viele Kranke. „Blinde sehen. Lahme können wieder gehen. Und Tauben öffnet er die Ohren!", so erzählen die Leute.
Tim will diesen Mann mit eigenen Augen sehen. Und erlebt dabei sein blaues Wunder.

Glaub's oder glaub's nicht! Ich war ganz dicht an ihm dran. Jesus und seine Freunde wanderten um den See, und ich stapfte Stunde um Stunde direkt hinter ihnen her! Nicht alle hatten so viel Glück wie ich.

Wir waren nämlich total viele: Ich schätze mal bestimmt 5.000 Männer. Und dann natürlich noch die Frauen und Kinder. Viele Kranke waren dabei. Sie wurden von Freunden oder Verwandten geführt, gestützt oder getragen. Alle hofften, Jesus würde sie gesund machen. Und wir Gesunden wollten dabei sein.

Neugierig warteten wir darauf, dass etwas passieren würde. Aber leider redete Jesus die ganze Zeit nur mit seinen Freunden. Anfangs hatten die Leute noch fröhlich und aufgeregt miteinander erzählt. Doch bald waren sie verstummt. Wir waren alle müde und hungrig.

Es war unglaublich heiß. Meine Füße brannten. Gern hätte ich mal eine Pause gemacht. Da stolperte ich über einen dicken Stein und fiel hin. Ich schrie auf vor Schmerz. Einer von Jesu Freunden drehte sich um. Er kam zu mir und half mir auf. „Geht es?", fragte er mich ganz freundlich. Ich nickte. „Jesus will gleich eine Pause machen, dann schaue ich mir dein Bein an. Stütz dich auf meinen Arm", bot er mir an. „Ich heiße übrigens Andreas!" So humpelte ich mit Andreas' Hilfe einen kleinen Hügel hinauf. Endlich setzte Jesus sich hin. Hinter uns war der Abhang schwarz von Menschen. Nachdenklich schaute Jesus den Hügel hinunter: „Wo sollen wir Brot kaufen, damit die Leute alle zu essen haben?", fragte er seine Freunde. Jesus wollte diese vielen Tausend Menschen satt machen? Dabei sahen seine Freunde nicht so aus, als hätten sie für sich selbst genug dabei!

„Selbst wenn wir für 200 Denare Brot kaufen würden, würde nicht jeder ein Stückchen bekommen. So viele Leute können wir nicht satt machen!", erklärte dann auch gleich einer von ihnen.

Was dann passierte, kann ich nicht erklären. Ich kann nur erzählen, wie es war: Ich drückte Andreas' Arm. „Was ist?", fragte er mich. „Sieh mal in meinen Beutel. Ich hab' ein bisschen Essen dabei. Das kann Jesus haben", erklärte ich ihm. Andreas öffnete meinen Beutel. Dann nickte er. Er ging mit meinem Beutel zu Jesus: „Hier ist ein kleiner Junge, der hat fünf Gerstenbrote und zwei Fische. Doch was ist das für so viele?"

Lächelnd schaute Jesus mich an. Dann sagte er zu seinen Freunden: „Lasst die Leute sich setzen!" Gespannt nahmen alle Platz. Da nahm Jesus meine Brote. Er sprach ein Dankgebet. Und dann teilte er das Brot an die Leute aus. Und genauso machte er es auch mit meinen Fischen.

Alle Leute aßen. Als alle satt waren, sagte Jesus zu seinen Freunden: „Sammelt die übrig gebliebenen Brotstücke ein, damit nichts verdirbt." Tja, und erklären kann ich es bis heute nicht. Von meinen fünf Gerstenbroten blieben fünf Körbe voll Brot übrig. Glaub's oder glaub's nicht! Ich war dabei!

Zuerst sieht es so aus, als müssten die Menschen hungrig nach Hause gehen. Und dann bleiben fünf Körbe voll Brot übrig. Man kann viel darüber diskutieren, wie das möglich war. Haben alle etwas zu essen dabeigehabt? Aber niemand wollte auspacken, weil er Angst hatte, er müsse dann vielleicht teilen? Erst als der Erste sein Brot abgab, waren alle anderen auch bereit. Und siehe da, es war sogar zu viel Essen da. Oder hat Jesus tatsächlich aus fünf Broten Brot für 5.000 gemacht? Oder waren gar nicht so viele Menschen da, und die ganze Geschichte ist maßlos übertrieben?
Wie das nun damals ganz genau war, das werden wir nie erfahren. Und das ist eigentlich auch egal. Denn in der Geschichte geht es um etwas ganz anderes. Sie erzählt davon: Gott gibt im Überfluss. Er schenkt uns mehr, als wir brauchen.

 **Diese Geschichte findest du so oder ganz ähnlich in allen vier Evangelien. Zum Beispiel im Johannesevangelium, Kapitel 6, in den Versen 1 bis 15.**

Nur wer wagt, gewinnt!

Ein kleiner Teich in der Nähe des Tempels in Jerusalem. Ab und an – niemand kann sagen wann – wallt das Wasser plötzlich auf. Dann kann es einen Menschen heilen. Wohlgemerkt: einen. Den, der als Erster in das Wasser hineinsteigt.

Tagelang liegt der Teich friedlich und verschlafen da. Und auf einmal, zack, sprudelt und brodelt der Tümpel. Jetzt heißt es: die Beine in die Hand nehmen und rein ins Wasser. Meine Beine sind leider nicht zu gebrauchen. Ich bin seit 38 Jahren gelähmt. Da geht gar nichts.

Deshalb habe ich eigentlich auch keine Chance. Dennoch komme ich, wie viele andere Kranke, jeden Tag hierher. Wir sind eine große Gemeinschaft von Blinden, Tauben, Lahmen und Verkrüppelten.

Mein bester Kumpel, Josia, ist blind. Er ist oft in der Stadt unterwegs und erzählt mir, was da so los ist. Manchmal bringt er mir etwas zu essen mit. Dafür beobachte ich mit wachsamen Augen den Teich für ihn. Sobald ich einen winzigen Kringel auf dem Wasser bemerke, alarmiere ich ihn. Ich wünsche ihm so sehr, dass er es eines Tages schafft. Für mich habe ich jede Hoffnung längst aufgegeben.

Auch heute sitzen wir gemeinsam unter einem Dach am Rande des Teiches im Schatten. Schläfrig beobachte ich das Wasser. Da betritt eine Gruppe junger Männer die Säulenhalle. Das ist mehr als seltsam. In dieses Haus des Elends und der Not verirren sich keine Fremden. Schon gar keine völlig gesunden jungen Burschen. „Heh", ich neigte mich zu Josia hinüber. „Da kommen ein paar Typen rein. Ob die nichts Besseres zu tun haben, als Lahme und Krüppel zu begaffen?"

Josia hat sich aufgesetzt. Er kann zwar nichts sehen, dafür kann er ausgezeichnet hören. „Die kommen hier herüber", stellte er nach ein paar Minuten fest.

Ja, sie kamen zu uns. Und ausgerechnet vor mir blieben sie stehen. Der Anführer des Trupps betrachtete ausgiebig meine mickrigen Beine. War mir das unangenehm, so angestarrt zu werden!

Dann schaute er mich auch noch an und fragte: „Willst du gesund werden?" Hallo? Wie war der denn drauf? Einen schwer Kranken zu fragen, ob er gesund werden will! Das will doch wohl jeder, oder? Ja, oder … Ich schluckte.

Ich war jetzt schon so lange krank. Mit dem Kranksein kannte ich mich aus. Ich wusste genau, wie das ist, sich nicht bewegen zu können. Auf Hilfe angewiesen zu sein. Nicht selbstständig zu sein. Gesund, das war mir fremd. Mich bewegen zu müssen, selbstständig zu sein. Irgendwie machte mir der Gedanke Angst.

Ich antwortete ihm: „Herr, ich habe keinen Menschen, der mich, sobald das Wasser aufwallt, in den Teich trägt. Während ich mich hinschleppe, steigt schon ein anderer vor mir hinein."

Da sagte der Mann zu mir: „Steh auf! Nimm deine Bahre und geh!" Ein kräftiger Schubs von Josia erinnerte mich daran, dass ich das alles nicht träumte. „Mach schon!", wisperte er mir aufgeregt ins Ohr. Seit 38 Jahren hatte ich nicht mehr auf meinen Füßen gestanden. Hilfe suchend griff ich nach Josias Hand. Langsam und vorsichtig richtete ich mich auf. Und stand. Ungläubig starrte ich auf meine Beine. Ich war geheilt.

Warum hat der Kranke nicht einfach gesagt: „Ja, natürlich will ich gesund werden! Klar will ich auf meinen eigenen Füßen stehen können!"?
Ich stelle mir vor, dass er Angst hatte. Angst vor so einer gewaltigen Veränderung. Das ist bei den meisten Menschen so. Das, was wir kennen, gibt uns Sicherheit. Ungewohntes macht erst mal Angst: eine neue Schule, neue Freunde, Veränderungen in der Familie. Jesus diskutiert nicht lange mit dem Kranken. Er sagt: „Steh auf! Du schaffst das!" Das sagt er auch zu jedem von uns.

Die Geschichte von der Heilung des Kranken am Teich Betesda findest du im Johannesevangelium, Kapitel 5, in den Versen 1 bis 8.

Ein Blinder sieht

Ich bin blind. Um mich herum ist Dunkelheit. So nennen die sehenden Menschen das, was ich sehe. Ich kann das nicht beurteilen. Denn ich kenne das andere nicht. Das, was die anderen „hell" nennen.

Oft sitze ich vor den Toren Jerichos am Straßenrand. Es ist noch früh am Morgen. Die Kälte der Nacht hängt in meinen zerrissenen Kleidern. Ich friere. Und dann spüre ich, zögerlich und vorsichtig, eine wunderbare Wärme auf meiner Haut. Die Sonne geht auf.

Jetzt, sagen die anderen, wird es hell. Die Wärme tut mir gut. Ob ich auch die Helligkeit so genießen würde? Ich sehne mich so sehr danach! Ich könnte meine Freunde, die Vögel, sehen, deren Gezwitscher mich jeden Tag begleitet. Die Blumen und Bäume bekämen Farben. Ich weiß nicht, was das ist. Aber es muss etwas Wunderschönes sein. Als ich noch klein war, hat meine Mutter mir oft von der bunten Welt Gottes erzählt. Jetzt erzählt mir niemand mehr etwas. Ich bin allein.

Manchmal kommen Menschen vorüber. Aus Mitleid stecken sie mir ein paar Münzen zu. Wie sie wohl aussehen?

Manchmal höre ich schon von Weitem die eiligen Schritte der Reisenden. Ich spüre, dass ich ihnen im Weg sitze. Aber ich weiß nicht, wohin. Und schon treffen mich zornige Fußtritte.

Ich bin blind. Für einen wie mich gibt es keine Arbeit in der Stadt. Ich bin zu nichts nütze, sagen die Leute. So halte ich die Hand auf vor den Toren der Stadt. An guten Tagen reicht es für eine Mahlzeit. An schlechten Tagen rolle ich mich hungrig an meinem Schlafplatz zusammen.

Seit einigen Tagen geht etwas Ungewöhnliches in der Stadt vor sich. Viele Menschen hasten an mir vorüber. Sie wollen einen Mann treffen. Immer wieder höre ich seinen Namen: Jesus von Nazaret. Er wirkt Wunder. Mit fünf Broten und zwei Fischen hat er 5000 Menschen satt gemacht. Ein Gelähmter konnte wieder stehen. Und er hat einen Blinden geheilt. Einen wie mich!

Von der Stadt her höre ich viele Stimmen. Zahllose Füße stampfen auf den Boden. Viele Menschen erreichen das Tor. Ich habe Angst. Sicherlich sitze ich wieder im Weg. Ich versuche, mich vor ihren Tritten zu schützen. „Was ist los?", rufe ich den Leuten zu. „Ist etwas passiert?"

„Jesus verlässt unsere Stadt. Er zieht mit seinen Jüngern weiter", erklärt mir einer. Jesus! Er geht hier irgendwo an mir vorüber. Er kann mich heilen! Worte rasen durch meinen Kopf. Gedanken. Jesus! Er ist meine einzige Chance. Laut rufe ich: „Jesus, hab Erbarmen mit mir!" Die Menschen fauchen mich an. Ich soll den Mund halten. Den Meister nicht belästigen. Still sein.

Das kann ich nicht. Ich schreie, so laut ich kann: „Jesus, hab Erbarmen mit mir!" Plötzlich bleiben die Menschen stehen. Es ist still geworden um mich herum. Da höre ich eine Stimme: „Ruft ihn her!" Wie benommen hocke ich auf meinem Platz. „Hab nur Mut!", sagt ein Mann neben mir. „Er ruft dich." Ich kann es nicht fassen. Jesus ruft mich! Ich werfe meinen Mantel weg und springe auf. So schnell ich kann, laufe ich auf die Stimme zu. Jesu Stimme. Die Leute machen mir Platz. Dann stehe ich vor ihm. „Was soll ich dir tun?", fragt Jesus. „Rabbuni, ich möchte sehen können", bitte ich ihn. Die Menschen um uns herum halten den

Atem an. Da sagt Jesus: „Geh! Dein Glaube hat dir geholfen."

Und plötzlich wird es hell vor meinen Augen. Ganz benommen starre ich auf den Mann vor mir. Jesus. Ich kann ihn sehen! Er lächelt mich an. Ich schaue mich um. Ich kann sie sehen: die vielen Menschen, die Vögel in den Bäumen und die Sonne am Himmel.

Der blinde Mann vor den Toren Jerusalems heißt Bartimäus. Sein ganzes Leben lang war er blind. Jetzt ist seine Chance da: Jesus kommt vorüber. Laut ruft er nach dem Mann, von dem er die sonderbarsten Geschichten gehört hat. Ihm ist vollkommen egal, ob das alles wahr ist. Er fragt nicht nach Beweisen. Er braucht keine langen Diskussionen. Er will es einfach versuchen. Dieser Jesus kann ihm möglicherweise helfen. Das ist das Einzige, was zählt. Bartimäus spürt: jetzt oder nie!
Und dann ist alles ganz einfach. Er muss Jesus nur sagen, was er möchte. Und schon kann er sehen. Tja, wenn das immer so einfach wäre. Wir haben einen Wunsch, sagen Jesus, was Sache ist. Und er erledigt das alles dann für uns. Natürlich funktioniert das so nicht.
Jedenfalls eher selten. Aber die Frage ist: Würden wir uns überhaupt trauen, Jesus zu rufen? Ihn um etwas zu bitten? Trauen wird Jesus überhaupt zu, dass er helfen kann? Bartimäus hat es gewagt. Und es hat sich gelohnt.

Bartimäus' Erlebnis mit Jesus kannst du nachlesen im Markusevangelium, Kapitel 10, in den Versen 46 bis 52.

Ein paar harmlose Flecken

Ein Geheilter bedankt sich

Alles fing ganz harmlos an. Ein heller Fleck auf der rechten Hand. Hat man ja schon mal. Mit der Zeit wurde er ein wenig größer. Ein Fleck auf dem Unterschenkel kam hinzu. Einer auf dem Rücken. Ich dachte mir nichts dabei. Doch dann passierte es.

Ein gellender Schrei ertönte aus der Küche. Ich ließ mein Handwerkszeug fallen und stürzte hinein. Meine kleine Tochter hatte am Feuer gespielt! Glut war aufgesprüht und hatte ihr Kleid erfasst. Starr vor Angst schrie sie, während die Flammen am Saum ihres Gewandes züngelten. Mit einem Satz war ich bei ihr. Mit der bloßen Hand schlug ich auf die Flammen ein. Völlig geschockt, doch Gott sei Dank ohne größeren Schaden, sank Miriam in meine Arme.

Sarah, meine Frau, hatte die Schreie unserer Kleinen am Dorfbrunnen gehört. Voller Panik stolperte sie ins Haus. Mit einem Blick erkannte sie, was geschehen war. „Levin! Deine Hand! Die ist ja voller Brandblasen!" Ungläubig starrte ich auf meine Hand hinunter. Ich hatte nichts gespürt! Und auch jetzt spürte ich keinen Schmerz. Nichts.

Sarah wurde kreidebleich. Sie griff nach meiner Hand und kühlte sie in einer Schale mit Wasser. Nichts. Ich erinnerte mich an den seltsamen hellen Hautfleck. „Sarah", flüsterte ich. „Auf meinem Bein. Da ist auch so ein komischer Fleck." Sarah schob mein Gewand hoch. Sie drückte auf den Fleck. Ich spürte nichts. Sie nahm ein Messer und stach in mein Bein. Nichts. Tränen liefen über ihr Gesicht. Wir wussten es beide. Ich hatte Lepra. Ich war ein Aussätziger. Noch in derselben Stunde schnürte ich mein Bündel. Es war unverantwortlich, länger bei meiner Frau und meinem Kind zu bleiben. Ich würde sie anstecken. Wie Blei lag das Herz in meiner Brust. Was sollte nur aus ihnen werden?

Den Weg zum Priester unseres Dorfes hätte ich mir schenken können. Er bestätigte nur, was allzu offensichtlich war. Er schickte mich zu den Höhlen vor dem Dorf. Dort lebten die Aussätzigen der ganzen Umgebung. Frauen, Männer, Kinder.

Jeden Abend kamen unsere Angehörigen oder andere mitleidige Menschen zu den Höhlen. Weit von uns entfernt stellten sie Körbe mit Essen oder Kleidung nieder. Wenn sie fort waren, holten die von uns, die noch laufen konnten, die Gaben und verteilten sie unter den Kranken. Es war die Hölle.

Doch eines Tages liefen Sarah und einige andere Frauen aufgeregt direkt auf unsere Höhlen zu. „Stopp!", schrie ich ihnen entgegen. „Seid ihr wahnsinnig! Nicht weiter!" Außer Atem blieben sie stehen. „Er kommt!", keuchte Sarah. „Jesus! Er kommt in unser Dorf. Er kann dir helfen. Ich weiß es." Jesus. Natürlich hatte auch ich schon von ihm gehört, dem seltsamen Wunderheiler, der durch unser Land zog. Ich spürte eine große Unruhe in mir. Ich wollte ihn sehen. Wenn es eine winzige Chance gab, dieser Hölle zu entfliehen, dann durch ihn.

Ich beriet mich mit anderen Männern, die mein Schicksal teilten. Zehn von uns wollten es versuchen. Wir machten uns auf den Weg, eifrig bemüht, keinem gesunden Menschen zu nahe zu kommen. Und dann sahen wir ihn. Er ging die Straße entlang. „Meister!", riefen wir. „Meister! Hab Erbarmen mit uns!" Jesus sah zu uns hinüber. Keinen Schritt machte er auf uns zu. Aber er schaute uns an. Dann rief er: „Geht und zeigt euch den Priestern!"

Verblüfft sahen wir uns an. Was sollte das denn werden? Die Priester hatten uns längst gesehen und ihr Urteil über uns gesprochen. Dennoch taten wir, was Jesus gesagt hatte. Auf dem Weg spürte ich plötzlich einen stechenden Schmerz in meiner rechten Hand. Ungläubig schaute ich an mir hinab. Die Flecken waren verschwunden! Ich stach mir mit einem spitzen Stein ins Bein. Es tat weh! Es tat wunderbar weh!

Ich brauchte keinen Priester, um zu wissen, dass ich geheilt war. Jesus hatte mich geheilt. Auch meine Kameraden waren geheilt. Wild schlug mein Herz. Blind vor Glück rannte ich los. Ich wollte Jesus finden. Ihm danken! Er war noch nicht wirklich weit gekommen, als ich vor ihm auf die Knie fiel. „Danke!", stammelte ich. Und dann brach es jubelnd aus mir heraus: „Gott den Herrn will ich loben und preisen. Denn er gab dir die Kraft, Kranke zu heilen. Er ist wunderbar und hoch erhaben!"

Und wieder sah Jesus mich an. „Sind nicht zehn rein geworden?", fragte er. „Wo sind die anderen neun? Steh auf! Dein Glaube hat dir geholfen."

Jede Veränderung der Haut gab zur Zeit Jesu Anlass zu großer Sorge. Dabei war es vollkommen egal, ob es sich um einen harmlosen Hautausschlag, Schuppenflechte, Krätze oder die gefährliche Lepra handelte. Niemand wusste genau, ob der Erkrankte ansteckend war oder nicht. Deshalb wurde er von der Gemeinschaft ausgeschlossen und musste in einem gesonderten Bezirk leben. Er wurde „ausgesetzt". Viele Kranke litten tatsächlich unter der ansteckenden Lepra. Die Bezeichnungen Aussatz und Lepra wurden daher oft gleich benutzt. Lepra beginnt mit hellen oder geröteten Flecken auf der Haut. Die Stellen sind taub, schmerzunempfindlich. Deshalb verletzen die Erkrankten sich häufig, ohne dass sie es bemerken. Die Wunden entzünden sich. Dadurch können Körperteile wie Füße, Finger oder die Nase absterben. Lepra ist ansteckend. Heute ist Lepra heilbar.

 **Die Geschichte von dem Geheilten, der sich bei Jesus bedankt, kannst du lesen im Lukasevangelium, Kapitel 17, in den Versen 11 bis 19.**

Aufruhr im Tempel

Ein Taubenhändler packt seine Sachen

Menschenmengen in Jerusalem. Hochsaison im Tempel. Ich hatte mir im Vorhof einen guten Platz gesichert, um meine Tauben zu verkaufen. Hier machte ich kurz vor dem Passahfest meinen besten Umsatz im Jahr.

Juden von nah und fern kamen zum Tempel, um zu beten, Gott ihre Opfer darzubringen und ihre jährlich fällige Tempelsteuer zu bezahlen. Dazu brauchten sie Opfertiere: Tauben, Schafe, Rinder. Und sie benötigten Geld in der richtigen Währung. Auf den römischen Münzen war das Bild des Kaisers geprägt. Damit konnte man unmöglich im jüdischen Tempel bezahlen. Also musste das Geld in tyrische Münzen umgetauscht werden.

So hockten wir einträchtig nebeneinander: Geldwechsler, Viehhändler, der ein oder andere Imbiss-Stand, Tuchverkäufer und wer sonst noch seinen Kram loswerden wollte. Dazwischen wanderten Priester und Pilger umher.

Da glucksten die Tauben, blökten die Schafe, Rinder schrien und verbreiteten einen nachhaltigen Duft. Die Händler priesen lautstark ihre Waren an, feilschten mit den Kunden um die besten Preise. Kurzum: Es war ganz schön was los.

Ich war grade in ein intensives Verkaufsgespräch verwickelt, da betrat eine Gruppe junger Männer den Hof. Sie betrachteten das Gewimmel. Langsam schritten sie durch die Reihen der Händler. Was sie sahen, schien ihnen nicht zu gefallen. Besonders einer von ihnen sprach zornig und aufgebracht zu den anderen. Mit weiten Gesten wies er auf die Händler. Er ballte die Faust. Oh! Das roch schwer nach Ärger. Was behagte dem jungen Mann denn nicht? Waren die Tiere nicht sauber genug? Das Geld nicht in Ordnung?

Plötzlich griff er am Stand eines Viehhändlers nach Stricken. Zornig schlug er nach den Schafen und Rindern. Voller Panik stieben die Tiere aus dem Tempel hinaus. Entsetzt wichen die Händler zurück. Dann rannten sie den Tieren hinterher.

Jetzt war der junge Mann so richtig in Fahrt. Er warf die Tische der Geldwechsler um. Klackernd und klirrend rollten die Münzen über den Boden.

Dann stand er vor mir. Eine Ader pochte an seiner Stirn. Er keuchte vor Anstrengung und Wut. Ängstlich versuchte ich, meine Tauben zu schützen. Da sagte er: „Schafft das hier weg! Macht das Haus meines Vaters nicht zu einer Markthalle!"

Keine Ahnung, was das heißen sollte. Aber ich verstand: Diesem jungen Mann war es sehr ernst. Bitterernst. Todernst. An dieser Geschichte hing er mit seinem ganzen Herzen. Und er wollte, dass jeder hier begriff: Das hier ist wirklich wichtig. Kein Spiel. Kein Spaß.

In Windeseile packte ich meine Käfige zusammen und suchte das Weite.

Vermutlich ahnst du es schon: Der zornige junge Mann war Jesus. Vielleicht passt diese Szene nicht in unser Bild vom sanftmütigen Jesulein. Umso wichtiger, dass wir diese Seite von Jesus in unseren Vorstellungen ergänzen.

Denn in Zorn und Wut steckt viel Kraft. Auch bei uns. Die Frage ist: Wofür setzen wir diese Kraft ein? Oft sind Wut und Zorn leider eher zerstörerische Kräfte. Aber manchmal setzen sie auch Energie frei, damit ich endlich etwas verändere. Dann wird deutlich: Jetzt ist eine Grenze erreicht. So geht das nicht weiter. Das ist jetzt wirklich wichtig für mich. Daran hängt mein Herz. Jesu Herz hängt an der Beziehung zu seinem Vater, zu Gott. Unsere Beziehung zu Gott pflegen wir unter anderem in einem Gotteshaus. In einer Kirche oder eben damals im Tempel. Indem wir beten, singen oder – die Menschen damals – Opfer bringen. So mit Gott zusammen zu sein, ist sehr wichtig. Das macht Jesus ein wenig drastisch deutlich.

 **Die Geschichte von der Tempelreinigung findest du in allen vier Evangelien, zum Beispiel im Johannesevangelium, Kapitel 2, in den Versen 13 bis 22.**

Ein großes Geheimnis

Meinen Namen möchte ich nicht verraten. Er ist seit fast 2000 Jahren ein gut gehütetes Geheimnis. Nur so viel: Ich war der Lieblingsjünger Jesu.

Ich kann euer Geschrei deutlich hören: „Das kann nicht sein! Jesus hat alle Menschen gleich lieb!" – „Total ungerecht, einen so zu bevorzugen!" Halt! Halt! So war das ja gar nicht. Das mit dem „Lieblingsjünger" ist vielleicht eine etwas unglückliche Übersetzung. Mir gefällt der Ausdruck viel besser: „Der Jünger, den Jesus liebte."

Aber auch jetzt grummelt ihr natürlich noch: „Hat Jesus die anderen denn nicht geliebt?", fragt ihr. Nun, ich denke, diese Frage ist falsch gestellt. Jesus liebte mich! (Und nebenbei gesagt: Er liebt mich noch immer, weit über seinen Tod hinaus.) Das heißt aber nicht, dass er die anderen nicht liebte. Ich habe keinen Exklusivvertrag mit der Liebe Jesu.

Ich war und bin nicht der Einzige, den Jesus liebte. Aber er liebte mich. Und das ist das Einzige, was für mich wichtig war und ist. Wie viele andere außer mir, das ist doch vollkommen egal. Ich bin davon überzeugt, dass Jesus jeden auf seine ganz besondere und eigene Weise liebt. Die, die für ihn wichtig und richtig ist. Und das ist gut und genug.

Ich weiß, das ist für euch schwer zu verstehen. Ihr schielt gern auf den anderen. Bekommt er mehr als ich? Ist er/sie besser, beliebter? Lieben die Eltern, die Freunde, die Lehrer die da vielleicht mehr als mich? Stell dir die Liebe vor wie ein Spiel mit unendlich vielen Möglichkeiten. Eine davon ist speziell für dich da. Sie ist auf dich zugeschnitten. Sie passt, weil Gott genau dich meint mit seiner Liebe zu dir. Nicht die tausend anderen um dich herum. Er schüttet seine Liebe nicht mit der Gießkanne über alle gleich aus. Schert alle über einen Kamm. Nein – genau du bist gemeint.

Das durfte ich erfahren, wenn ich bei Jesus war. Ein wunderbares Gefühl! Jesus und ich hatten ein ganz besonderes Verhältnis. Wohlgemerkt: nicht besser als andere, nicht wertvoller, sondern speziell: Jesus und ich. Das hat der Schreiber des Johannesevangeliums gespürt. Er ist der Einzige, der von mir erzählt. Ich denke, er möchte euch allen Mut machen mit meinem Beispiel.

Der Evangelist Johannes erzählt davon, wie wir beim Letzten Abendmahl mit Jesus zusammen waren. Jesus sprach davon, dass einer von uns ihn verraten würde. Wir waren total geschockt. Ich lag neben Jesus. Ich erinnere mich, als sei es erst gestern gewesen. Ich spürte, dass Jesus sehr, sehr traurig war. Einer seiner besten Freunde würde ihn verraten. Und: Er hatte Angst. Er wusste, dass er sterben würde. Nicht sanft entschlafen, sondern grausam gequält. Und in diesem Augenblick machte Jesus mir ein großes Geschenk, oder ich ihm? Wer kann das schon so genau sagen. Ich lehnte mich an seine Brust. Ich durfte ihm ganz nah sein. Er konnte spüren, wie sehr auch ich ihn liebte.

Ich bin heute sehr dankbar dafür, dass ich in dieser Stunde den Mut hatte, mich so an ihn zu lehnen. Es war mir egal, ob Petrus eifersüchtig war. Oder ob ihr heute empört denkt: Wie kann ein Mann sich so an einen anderen ankuscheln?

Die Nähe, die wir uns gegenseitig schenkten, war unendlich wertvoll für uns beide. Sie hat sogar das furchtbare Sterben Jesu überdauert. Ich stand mit seiner Mutter gemeinsam unter dem Kreuz. Und ich war mit Petrus zusammen am leeren Grab. Wir gingen in die Grabhöhle hinein. Jesus war fort. Und doch spürte ich: Er ist nicht weg. Er ist da. In meiner Nähe. Das war mehr als eine fromme Hoffnung, als eine vage Idee. Das ist Glaube.

Als wir dann einige Zeit später am See von Tiberias Fische fingen, kam ein Mann zu uns. Er bat um etwas zu essen. Aber wir hatten die ganze Nacht nichts gefangen. Da sagte er zu uns: „Werft das Netz auf der rechten Seite des Bootes aus, und ihr werdet etwas fangen." Wir taten es und das Netz war so voller Fische, dass wir es gar nicht mehr ins Boot ziehen konnten. Und wieder spürte ich ganz deutlich: „Jesus ist hier bei uns."

Diese Erinnerungen sind mein ganzer Reichtum. Und ich finde es wunderbar, dass der Evangelist Johannes sie für euch aufgeschrieben hat. Meinen Namen hat er nicht genannt. Klug, finde ich!

Viele kluge Leute haben sich den Kopf darüber zerbrochen, wer der Jünger, den Jesus liebte, wohl war. Es gibt eine Menge Theorien. Aber keiner weiß es. Ich finde das sehr schön. Offenbar wollte der Evangelist nicht sagen, um wen es hier geht. Möglicherweise, weil er uns kleinherzige Menschen so gut kennt. Wenn der Jünger einen Namen hat, eine ganz bestimmte Person ist, dann nagt schnell die Eifersucht an uns. Warum der und nicht ich? Aber eifersüchtig auf einen XY? Die Gefahr ist sehr viel geringer. Dann habe ich die Chance zu hören, was Johannes sagen möchte: Der Mann oder die Frau, der Junge oder das Mädchen, die Jesus liebt, das kann ich selbst sein.

An fünf Stellen spricht Johannes von diesem Jünger. Du findest sie im Johannesevangelium, Kapitel 13, in den Versen 23 bis 26; im Kapitel 19 in den Versen 26 bis 27; im Kapitel 20 in den Versen 2 bis 10; im Kapitel 21, Vers 7 und im Kapitel 21, Vers 20.

(K)ein Job für Jesus

Jesus wäscht seinen Freunden die Füße

Den ganzen Tag waren wir mit Jesus durch Jerusalem gewandert. Endlich läutete Jesus den Feierabend ein. Im Obergeschoss eines Hauses war ein einfaches Mahl für uns bereitet. Müde und erschöpft legten wir uns zu Tisch.

Oh, tat das gut, endlich die Füße hochzulegen! In den letzten Tagen schien Jesus noch rastloser zu sein als sonst. Unermüdlich sprach er zu den Menschen, heilte, tröstete, ermutigte, diskutierte, ermahnte.

Dankbar genossen wir das Essen: Brot und Früchte, Gemüse, Wasser und Wein. Jeder von uns hing seinen Gedanken nach. Jesus hatte viel geredet. Doch verstanden hatten wir kaum etwas. Wir waren Fischer und keine Gelehrten! Woher er das alles hatte? Wir wussten es nicht. Aber es faszinierte uns. Ob er als unser Führer die verhassten Römer aus dem Land verjagen und als mächtiger Herrscher regieren würde? Vielleicht würden wir dann mit ihm gemeinsam in einer Burg residieren. Sklaven würden uns bedienen. Die Tage der Wanderschaft auf staubigen Straßen wären vorüber.

Versonnen steckte ich ein Stück Brot in den Mund. Und hätte mich beinahe daran verschluckt: Vor mir, auf dem Boden, kniete Jesus. Er hatte ein Leinentuch umgebunden. Ne-

121

ben ihm stand eine Schüssel mit Wasser. „Andreas", weckte er mich aus meinen Träumen. „Streck deine Füße zu mir herüber!" Vollkommen verdattert setzte ich mich auf. Betreten schaute ich auf meine dreckigen Füße, die in schmutzigen Sandalen steckten. Vor dem Essen hatten wir uns selbstverständlich die Hände gewaschen. Aber die Füße? Die wurden den Gästen in vornehmen Häusern von Sklaven gewaschen. Da wir keine vornehmen Leute waren, gab es selbstverständlich niemanden, der uns die Füße gewaschen hätte. Wir legten uns halt ungewaschen zu Tisch.

Behutsam löste Jesus die Riemen meiner Sandalen. Dann schob er die Schüssel mit dem Wasser unter meine Füße und wusch sie. Mein Körper war starr vor Schreck. Wie konnte er nur? Das durfte ich nicht zulassen! Er, der Herr und Meister, kniete vor mir wie ein Sklave. „Nicht!", stammelte ich und versuchte, meine Füße zurückzuziehen. Doch Jesus sah mich ernst an: „Lass es geschehen, Andreas! Es

ist wichtig, damit du verstehst." Mit dem Leinentuch trocknete er meine Füße ab und ging weiter zu meinem Bruder.

Petrus wehrte Jesus ab: „Du, Herr, willst mir die Füße waschen? Niemals!" Jesus erklärte: „Wenn ich dich nicht wasche, hast du keinen Anteil an mir." Petrus riss erschrocken die Augen auf: „Herr, dann wasch nicht nur meine Füße, sondern auch die Hände und mein Haupt", bat er. Jesus schüttelte den Kopf: „Das ist nicht nötig, Petrus."

Als Jesus alle gewaschen hatte, nahm er das Tuch ab und legte sich wieder zu uns. Gespannt warteten wir auf eine Erklärung: „Ihr nennt mich Herr und Meister", begann Jesus. „Und das ist richtig. Denn ich bin euer Herr. Dennoch habe ich euch die Füße gewaschen wie ein Diener. Damit habe ich euch ein Beispiel gegeben. So, wie ich euch diene, so sollt auch ihr füreinander da sein. Niemand soll sich etwas darauf einbilden, dass er Macht und Einfluss hat. Oder sich für wertlos halten, weil er ein Sklave ist. Kümmert euch umeinander. Sorgt füreinander. Liebt einander, so wie ich euch geliebt habe!"

Ich schluckte schwer. So hatte ich mir das mit der Macht und der Herrschaft nicht vorgestellt. Sehr genau hatte ich diesmal die Botschaft Jesu verstanden. Ich hatte am eigenen Leib gespürt, was er meinte: „Wenn ich zu Jesus gehören will, dann ist es nicht wichtig, über andere zu herrschen. Dann zählt nur das, was ich anderen Gutes tue. Dann sollten andere durch mich erfahren, wie sehr Jesus sie liebt."

Jedes Jahr in der Karwoche berichten die Zeitungen davon: „Der Papst wäscht Häftlingen die Füße." Einer der bedeutendsten Menschen der Welt wäscht am Gründonnerstag Männern und Frauen in einem Gefängnis die Füße. Er nimmt das Beispiel Jesu ernst und zeigt allen: Auch Menschen, die Dreck am Stecken haben und Unrecht taten, sind nach wie vor Gottes geliebte Kinder. Die Fußwaschung lässt sie spüren: „Gott hat euch nicht vergessen." Das stellt unsere menschlichen Maßstäbe auf den Kopf, die da lauten: Kriminelle gehören bestraft und weggesperrt. Jesus lädt uns ein, über unsere gewohnten und sicheren Grenzen hinaus zu denken und zu handeln. Er hat eine klare Richtschnur für unser Handeln: „Liebt einander, wie ich euch geliebt habe."

 **Die Geschichte von der Fußwaschung findest du im Johannesevangelium, Kapitel 13, in den Versen 1 bis 20.**

Ziemlich schlechte Freunde

Wir Freunde hatten mit Jesus zusammen das Passah-Mahl gefeiert. Es war spät geworden. Da wollte Jesus noch einmal aus dem Haus gehen. Eine seltsame Zeit für einen Spaziergang. Aber ungewöhnliche Ideen waren wir ja von ihm gewohnt. So zogen wir unsere Sandalen an und gingen hinaus in die Dunkelheit.

Wir fröstelten. Es war nicht nur die Kälte, die uns schaudern ließ. In den letzten Tagen hatte Jesus immer wieder davon gesprochen, dass er sterben müsse. Das war uns so unwirklich vorgekommen. Doch jetzt, hier in dieser Nacht, schien der Tod auf einmal greifbar nahe zu sein. Das machte mir Angst. Jesus sprach kein Wort mit uns. Mit schnellen, ungeduldigen Schritten rannte er beinahe zum Ölberg. Was hatte er nur vor?

Ich war müde. Vielleicht hatte ich auch ein bisschen viel von dem guten Wein beim Abendessen getrunken. Konnte ja keiner ahnen, dass Jesus noch etwas unternehmen wollte. So stolperte ich über die steinigen Wege durch die Stadt. Hinter mir schimpfte Andreas: „Petrus, pass doch auf, wo du hintrittst!" – „Pass selbst auf!", giftete ich zurück. Wir waren alle total gereizt.

Plötzlich blieb Jesus stehen. „In dieser Nacht werdet ihr euch über mich ärgern. Ihr werdet überhaupt nicht mehr verstehen, was eigentlich los ist." Was redete Jesus da für einen Unsinn? Wir waren doch echt beste Freunde! „Egal, was passiert, ich halte immer zu dir", rief ich. Da wandte sich Jesus zu mir: „Petrus, noch bevor der Hahn kräht, wirst du dreimal behaupten, mich gar nicht zu kennen."

Ich war total empört. Wie konnte Jesus mir so eine Gemeinheit zutrauen? „Niemals", rief ich im Brustton der Überzeugung. „Und wenn ich sterben müsste, ich werde immer für dich da sein."

Wir gingen weiter, bis wir zum Garten Getsemani kamen. „Ich will hier beten. Setzt euch und wartet auf mich!", ordnete er an. „Petrus, Johannes und Jakobus, ihr kommt mit mir." Wir vier gingen ein wenig in den Garten hinein.

Jesus hatte Angst. Wir konnten sie förmlich riechen. Er schwitzte in der Kälte. Sein Atem ging schnell, und ich meinte, sein Herz schlagen zu hören. Gleichzeitig umgab ihn eine grenzenlose Traurigkeit.

Er sagte zu uns: „Meine Seele ist zu Tode betrübt. Bleibt hier und wacht mit mir! Lasst mich nicht im Stich!" Dann warf er sich einige Schritte weiter auf den Boden nieder und betete: „Vater, wenn es möglich ist, dass ich nicht sterben muss, dann hilf mir doch!" Er schrie zu Gott. Er weinte und flehte. Seine Verzweiflung war kaum auszuhalten.

Und irgendwann fielen mir die Augen zu. Ich war einfach eingeschlafen. Ich wurde wach, weil Jesus plötzlich neben mir stand: „Konntest du nicht mal eine Stunde mit mir wach bleiben und für mich da sein?", fragte er.

Ich war ziemlich zerknirscht. Eben hatte ich noch groß getönt: Ich bin immer für dich da. Und jetzt schlief ich einfach ein. Ich war ja echt ein toller Freund!

Jesus ging wieder fort, um zu beten. Diesmal würde ich wach bleiben. Ganz bestimmt! Doch schon nach wenigen Minuten merkte ich, dass mir die Augen schwer wurden. Sie fielen mir einfach zu. Und wieder schlief ich fest, als Jesus zurückkam. Und auch ein drittes Mal gelang es mir nicht, wach zu bleiben. „Steht auf, wir wollen gehen!", sagte Jesus. „Seht, da kommt der Verräter, der mich den Feinden ausliefert." Tatsächlich, da kam unser Kumpel Judas. Hinter ihm gingen Männer mit Knüppeln und Schwertern. Judas gab Jesus einen Kuss. „Sei gegrüßt, Rabbi", sagte er. Da wussten die Männer, wer von uns Jesus war. Sie packten ihn und legten ihm Fesseln an.

Erst waren wir wie gelähmt. Doch dann ergriffen wir die Flucht. Wir, seine Freunde, ließen Jesus im Stich.

Petrus, Jakobus, Johannes und die anderen waren wirklich gute Freunde von Jesus. Trotzdem schafften sie es nicht, für Jesus da zu sein, als es ihm echt schlecht ging. Manchmal bin ich auch so eine Freundin.

Da braucht ein Freund meine Hilfe, meinen Trost, mein offenes Ohr, und ich kann gar nicht richtig zuhören. Vielleicht, weil ich zu müde bin. Oder weil ich zu viel an mich selbst denke. Und wenn es für den anderen brenzlig wird, wenn er gemobbt oder angegriffen wird: Ergreife ich dann auch die Flucht? So wie Petrus? Die Bibel erzählt, dass das sehr menschlich ist. Auch Jesus, Gottes Sohn, erlebt fürchterliche Angst. Und seine tollen Freunde lassen ihn im Stich. Das ist verständlich. Wer will schon riskieren, ebenfalls gefangen, angegriffen oder gemobbt zu werden? Jesus muss erleben, wie furchtbar es ist, so alleingelassen zu werden. Ich wünsche uns allen, dass wir das niemals selbst erleben müssen.

Die Erzählung von Jesu Gebet im Garten Getsemani findest du zum Beispiel im Matthäusevangelium, Kapitel 26, in den Versen 30 bis 56.

Durchkreuzter Weg

Simon von Zyrene trägt eine fremde Last

Ich war ein unbescholtener Familienvater, ein frommer Jude und ein friedliebender Mensch. Ausgerechnet ich wurde gezwungen, vor den Augen einer riesigen Menschenmenge den Schandbalken eines Kreuzes zu schleppen.

Ich war auf dem Feld gewesen und hatte nach dem Korn geschaut. Die Gerste war fast reif. Nach den Feiertagen würde ich mit der Ernte beginnen. Die Stadt war voller Menschen. Viele Pilger waren gekommen, um das Passah-Fest im Tempel zu feiern. Deshalb fiel es mir zunächst gar nicht auf, dass ungewöhnlich viele Menschen die Straßen verstopften.

Doch dann hörte ich laute Rufe. Da gröhlten Menschen, schrien wild durcheinander. Neugierig ließ ich mich weitertreiben. Aus der Menge ragten die Helme römischer Soldaten empor. Lanzenspitzen blitzten in der Sonne. Die Soldaten bahnten einen Weg. Auf einen Blick erfasste ich, was hier vor sich ging: Die Römer hatten wieder eine ihrer grausamen Kreuzigungen anberaumt.

Ich finde ja auch, dass Verbrecher bestraft werden müssen. Aber musste man das so brutal machen? Die armen Kerle starben unter schlimmsten Qualen. Und das ganze Volk schaute dabei zu. Verspottete und verhöhnte die Sterbenden. Genoss das schaurige Schauspiel. Nein, das war nicht mein Ding.

Ich wollte mich gerade abwenden, da sah ich sie kommen. Heute waren sie zu dritt. Tief gebeugt zogen sie die Querbalken ihrer Kreuze hinter sich her. Die Zuschauer johlten, bewarfen die Verbrecher mit Dreck. Die ersten beiden schienen kräftige Männer zu sein. Doch der letzte konnte sich kaum auf den Beinen halten. Als er an mir vorüberzog, verstand ich auch warum.

Sein Körper war von Blut überströmt. Tiefe Striemen zogen sich über seine Schultern und seinen Rücken. Die Römer hatten ihn ausgepeitscht.

Auf seinem Kopf steckte ein Kranz aus Dorngestrüpp. Die spitzen Dornen bohrten sich in seine Stirn. Um seinen Hals hing ein Schild: „Jesus von Nazaret, König der Juden" stand darauf. Der Dornenkranz als Königskrone. Was für einen grausamen Spott trieben die Römer mit dem Kerl. Egal, was er verbrochen haben mochte, er tat mir leid.

In diesem Augenblick stürzte er vor meinen Füßen vollkommen entkräftet zu Boden. Sofort rissen die Soldaten ihn hoch. Doch er konnte sich nicht auf den Beinen halten. Sie ließen ihn fallen. Suchend schauten sie sich um. Da spürte ich eine Lanzenspitze an meiner Brust. „Du! Komm her!", befahlen sie mir.

Angst brauste in meinen Ohren. Mir wurde übel. Die Lanze sprach eine deutliche Sprache. Zögernd trat ich vor. „Pack dir den Balken auf die Schulter! Na, wird's bald?", herrschten sie mich an. Das Herz schlug mir bis zum Hals vor abgrundtiefer Angst, ohnmächtiger Wut, unsäglicher Scham und übermächtigem Mitleid. Ich hob den Balken auf meine Schulter. Mit dem freien Arm half ich dem jungen Mann auf. Die ersten Schritte musste ich ihn stützen. Dann schleppte er sich neben mir her.

An den weiteren Weg kann ich mich nicht mehr erinnern. Die Leute am Weg werden mich vermutlich für einen Verbrecher gehalten haben. Schließlich trug ich ja einen Balken des Kreuzes. Sie werden mich bespuckt und mit Dreck beworfen, beschimpft und verhöhnt haben. Ich weiß davon nichts mehr.

Meine Erinnerung setzt wieder ein mit den dumpfen Schlägen eines Hammers, der Nägel in einen Kreuzbalken treibt. Auf dem Kreuz lag Jesus von Nazaret. Wir schauten einander tief in die Augen. In seinem gequälten Blick lag liebevolle Dankbarkeit. Langsam wandte ich mich ab und ging nach Hause.

Gerade mal einen Satz widmet die Bibel Simon von Zyrene, dem Mann, dem die Soldaten das Kreuz Jesu aufluden. Mir ist er wichtig. Simon trug das Kreuz sicherlich nicht freiwillig. Und es wird ihm weder gutgetan noch Spaß gemacht haben. Aber für eine kurze Zeit hat er die Last und die Not eines wildfremden Menschen getragen.

Auch heute leiden Menschen, tragen Lasten, die ihnen viel zu schwer sind. Manche Menschen sind krank, andere einsam oder arbeitslos. Viele verstehen sich irgendwann nicht mehr mit ihren Eltern. Kinder werden gemobbt. In manchen Regionen der Erde hungern Menschen oder müssen vor Krieg und Hass flüchten. Die Liste von Leid und Traurigkeit ist lang.

Lasse ich mich von dieser Not anrühren? Trage ich freiwillig oder auch mal unfreiwillig eine Weile die Last eines anderen Menschen mit? Oder schaue ich lieber weg?

In allen Evangelien wird Simon erwähnt, zum Beispiel bei Matthäus, Kapitel 27, in den Versen 31b bis 32.

Starr vor Schreck

Ein Engel verkündet die Auferstehung

Die Erde bebte, als ich auf sie niederfuhr. Das schien mir eine sehr angemessene Begleiterscheinung zu sein für das, was hier geschehen war: Jesus war von den Toten auferstanden! Das sollte ich klar und machtvoll verkünden. Und das tat ich auch.

Da gab es nichts zu deuten und zu zweifeln: Das Grab war leer! Damit das auch jeder mit eigenen Augen sehen konnte, wälzte ich den schweren Stein vom Grab weg. Jetzt lag der Eingang frei. Ich war gespannt, ob sich jemand hineintrauen würde. Ich setzte mich auf den Stein und wartete ab, was geschehen würde.

Als wieder ein wenig Ruhe eingekehrt war, wagten sich als Erstes zwei Grabwächter aus ihrem Versteck hervor. Zitternd vor Angst lugten sie um die Ecke. Kaum hatten sie mich erblickt, fielen sie wie tot zu Boden. Nun ja, ich muss zugeben, ich gehöre nicht zur Sorte der sanftmütigen Lockenengel. Meine Gestalt leuchtet wie Blitze. Und mein Gewand ist weiß wie Schnee. Das mag schon ein wenig furchterregend sein. Aber ob man deshalb gleich vor Schreck erstarren muss? Ich kam gar nicht dazu, meine frohe Botschaft von der Auferstehung zu verkünden.

Bei den nächsten Besucherinnen hatte ich mehr Erfolg. Zwei Frauen kamen zum Grab. Auch sie hatten Angst. Das konnte ich schon von Weitem sehen. Deshalb rief ich ihnen zu: „Fürchtet euch nicht! Ich weiß, ihr sucht Jesus, den Gekreuzigten. Er ist nicht hier; denn er ist auferstanden, wie er gesagt hat."

Zögernd kamen die Frauen näher. Ratlos und fragend schauten sie mich an. Offenbar war das mit der Auferstehung schwierig zu verstehen. Das passt ja auch nicht in menschliches Denken. Ihr Menschen wollt immer wissen: Wie kann das gehen? Wer hat das gemacht? Ist Jesus durch den riesigen Grabstein hindurch auferstanden? Wann ist das gewesen? Was sagen die Naturwissenschaften dazu?

Aber um all das ging es hier nicht. Jesus war auferstanden. Das Grab war leer. Punkt. Aus. Fertig. Das kann man glauben oder man lässt es. Wissenschaftlich erklären kann man das nicht. Allerdings konnte ich den Frauen ein interessantes Angebot machen: „Kommt her und seht euch die Stelle an, wo er lag."

Die Frauen fassten Vertrauen zu mir. Sie wagten es, sich auf den Glauben an die Auferstehung einzulassen!

Ihre unermessliche Angst wandelte sich in angemessene Furcht. Furcht vor all dem, was ihnen unverständlich und geheimnisvoll blieb. Und Ehrfurcht vor Gott, der so Großes an Jesus getan hatte. Sie lächelten mir zu. Ja, bei ihnen war die frohe Botschaft von der Auferstehung angekommen. Ich bat sie: „Geht schnell zu den Jüngern und sagt ihnen: Er ist von den Toten auferstanden und geht euch voraus nach Galiläa, dort werdet ihr ihn sehen." Sofort liefen sie voll Freude los zu den Jüngern Jesu, um ihnen die Botschaft zu verkünden.

Veränderung ist das Zauberwort. Am Grab Jesu hat sich etwas verändert. Jesus war tot. Gekreuzigt und begraben. Das wird nicht rückgängig gemacht. Doch seine Geschichte ist mit dem Tod nicht zu Ende. Sie geht weiter. Und das verändert alles.

Nicht Erstarrung und Tod haben das letzte Wort, sondern das Leben. Und Leben ist Veränderung. Manchmal hat man Angst vor Veränderungen. Was man hat, das weiß man schließlich. Aber auf was man sich einlässt, wenn man Neues wagt, das weiß man nicht. Das macht Angst. So ruft der Engel auch uns zu: „Traut euch! Fürchtet euch nicht!"

Das heißt nicht, dass wir blindwütig und wahllos alles über Bord schmeißen sollen. Aber vielleicht können wir das anschauen, was uns Angst macht; was uns das Leben schwer macht; was uns lähmen will. Gott stellt uns dafür einen kraftvollen Engel zur Seite.

 **Vom Engel, der den Stein vom Grab wegwälzt, erzählt das Markusevangelium, Kapitel 16, in den Versen 1 bis 8.**

Ein Freund an meiner Seite

Die Welt um dich herum liegt in einem dicken, milchigen Nebel. Dein Kopf fühlt sich an wie ein unförmiger Watteball. Du stehst unter Schock. Das, was da geschehen ist, das kann einfach nicht wahr sein! Du suchst Halt und Trost bei deinem besten Freund. Wieder und wieder müsst ihr darüber reden. Aber fassen, begreifen könnt ihr das alles nicht. Genauso ging es mir und meinem Freund Kleopas.

Wir wollten nur noch eins: weg aus Jerusalem. Jesus, unser Freund, war tot. Gekreuzigt. Elendiglich verreckt. Dabei hatten wir fest geglaubt, er würde uns von den Römern befreien. Er würde das Zepter in die Hand nehmen und unserm Volk die Freiheit schenken. Und Frieden bringen. Glück und Wohlstand und Heil für alle. Und dann war die ganze Geschichte plötzlich vollkommen aus dem Ruder gelaufen. Die Juden nahmen Jesus gefangen. Übergaben ihn den Römern und Pilatus verurteilte ihn zum Tod. In wenigen Tagen war unser Traum zerplatzt wie eine Seifenblase. Unser Freund war tot.

Und wir? Uns ging es hundeelend. Wir hatten eine riesige Angst vor den Römern. Wir waren traurig, zornig, unglücklich, wütend, verzweifelt. Kleopas und mir tat es gut, so gemeinsam unterwegs zu sein. Wir redeten und redeten. Über Jesus, wie er war und was wir alles mit ihm erlebt hatten. Über unsere Ängste und Sorgen. Über die zerstörten Hoffnungen und seinen grausamen Tod.

Wir waren vollkommen versunken. So traf es mich wie ein Blitz aus heiterem Himmel, als uns plötzlich jemand ansprach: „Worüber redet ihr da miteinander?" Erschreckt zuckte ich zusammen. Verstohlen schubste ich Kleopas in die Seite: „Seit wann latscht der denn schon neben uns her?", flüsterte ich. Kleopas zuckte ratlos mit den Schultern. Gut, dass der Fremde offenbar harmlos war. Das hätte auch schiefgehen können! Wenn sich da ein Räuber und Mörder unbemerkt angeschlichen hätte?

Kleopas blieb stehen. Ungläubig schaute er den Fremden an: „Bist du so fremd, dass du nicht weißt, was in den letzten Tagen in Jerusalem geschehen ist?", fragte er ihn. Und dann erzählten wir ihm alles. Von Jesu Tod. Und dass die Frauen das Grab heute Morgen leer vorgefunden hatten. Und dass ein Engel gesagt hatte: Jesus lebt!

Der Fremde schien das bei Weitem nicht so verwirrend und seltsam zu finden wie wir. Freundlich erklärte er uns: „Alles ist genauso gekommen, wie es in den heiligen Schriften steht. Jesus, der Retter, musste leiden und nun ist er auferstanden, in Macht und Herrlichkeit." Gebannt hingen wir an seinen Lippen. Ja, so wie er das Ganze erklärte, machte es irgendwie Sinn. Wir fragten ihm Löcher in den Bauch. Und geduldig beantwortete er unsere Fragen. Jeden Zweifel und all unsere Sorgen nahm er ernst. Er war ein Fremder. Und doch fühlte ich mich bei ihm auf wunderbare Weise geborgen, sicher, stark.

Lange waren wir so unterwegs und erreichten schließlich unser Ziel, das kleine Dorf Emmaus. Er wollte weitergehen. Doch wir bedrängten ihn: „Bleib bei uns! Es wird Abend. Bitte sei unser Gast." Zu unserer großen Freude kam er tatsächlich mit uns. Wir bereiteten ein einfaches Essen: Brot und Wein, ein wenig Käse und Kräuter. Er nahm das Brot vom Tisch auf. Er betete. Er lobte Gott, den Schöpfer aller guten Gaben. Dann brach er das Brot in Stücke und gab es uns.

Und wieder war es, als hätte ein Blitz mich getroffen. Doch diesmal nicht vor Schreck. Eine gewaltige

Freude durchströmte mich. Ich spürte Wärme in mir, Zuversicht und Hoffnung. Im Bruchteil einer Sekunde hatte ich erkannt: Dieser Fremde ist Jesus. Er lebt. Er ist auferstanden.

Glücklich schaute ich zu Kleopas hinüber. Ihm ging es genau wie mir. Dann starrten wir auf die Stelle, an der Jesus gerade eben noch das Brot für uns geteilt hatte. Doch wir konnten ihn nicht mehr sehen. Nachdenklich murmelte Kleopas: „Brannte uns nicht das Herz in der Brust, als er unterwegs mit uns redete?" Ja, so war es gewesen. Jesus, der Auferstandene, ging mit uns. Und wir waren sicher: So würde er auch weiterhin immer bei uns sein.

Die Freunde Jesu haben erfahren: Jesus lebt! Und nicht nur das. Er ist mit uns unterwegs. Er begleitet uns in allen Höhen und Tiefen unseres Lebens.
Als den beiden das aufging, machten sie schnurstracks kehrt und liefen zurück nach Jerusalem. Von dieser wunderbaren Erfahrung mit Jesus mussten sie den anderen Jüngern einfach erzählen. Das konnten und durften sie nicht für sich behalten.
Wie gut für uns! Die frohe Botschaft von der Auferstehung wurde weitererzählt und aufgeschrieben. So lernen Menschen bis heute Jesus kennen. Und sie können auch heute noch seine liebevolle und heilsame Nähe erfahren.

Die Geschichte von den Freunden, denen Jesus auf ihrem Weg nach Emmaus begegnete, kannst du nachlesen im Lukasevangelium, Kapitel 24, in den Versen 13 bis 35.

Im Zweifel für Thomas

Jesus war tot. Gekreuzigt, gestorben, begraben. Aus, vorbei. Mein bester Freund war gestorben. Nein, er war umgebracht worden! Schmerz und Verzweiflung brannten in meinem Innern. Ich hatte so viel geweint, dass keine Tränen mehr da waren. Ich hatte an ihn geglaubt. Jesus! Auf ihn hatte ich vertraut. Ich wäre ihm überallhin gefolgt. Aber er hatte mich verlassen.

Die letzten Tage waren der blanke Horror. Ich hatte mich bei Verwandten versteckt. Ich hatte schreckliche Angst. Schließlich wusste man nicht, ob die Römer nach den Freunden von Jesus suchen würden. Ich konnte das alles gar nicht begreifen. Es war so schnell gegangen. Eben hatten wir noch mit Jesus gefeiert und gegessen. Die Leute hatten ihm zugejubelt. Und wenige Stunden später hing er am Kreuz.

Außerdem plagte mich ein übelst schlechtes Gewissen! Wie fast alle anderen hatte ich Jesus im Stich gelassen. Ich war zu feige gewesen, mich wie Maria, seine Mutter, unter das Kreuz zu stellen.

Aber das Allerschlimmste war dieses riesige Loch in mir. Er war fort. Ich würde ihn nie mehr wiedersehen. Nie mehr mit ihm lachen, mit ihm weinen, seinen Geschichten lauschen, miterleben, wie er Menschen heilte.

Deshalb machte ich mich auf den Weg, um die übrigen Freunde zu treffen. Vielleicht konnte ich meinen Schmerz wenigstens mit ihnen teilen. Vielleicht würde es guttun, mit ihnen zusammenzusitzen und zu erzählen.

Doch kaum betrat ich das Haus meiner Freunde, fielen sie über mich her: „Thomas! Wir haben den Herrn gesehen!", riefen sie. Sie waren völlig aus dem Häuschen. Wild redeten sie auf mich ein. Waren sie jetzt vollkommen übergeschnappt? Nach und nach begriff ich, was geschehen war. Sie hatten zusammengesessen. Plötzlich war Jesus in ihrer Mitte. Er zeigte ihnen seine verwundeten Hände und seine durchbohrte Seite. Eindeutig Jesus! Er war nicht tot. Er lebte! Er hatte mit ihnen gesprochen. Sie hatten ihn gesehen. Und ich war nicht dabei gewesen!

Wenn es doch wahr sein könnte! Jesus hätte uns nicht verlassen. Er wäre da. Mitten unter uns! Könnte das möglich sein? Könnten die Freunde ihn wirklich erlebt haben? Ich hatte seinen Leichnam gesehen, bevor wir ihn begraben hatten. Geschunden, geschlagen, tot. Und doch ... Die Freunde waren so sicher. Könnte ich Jesus doch auch so nahe sein! „Wenn ich nicht die Male der Nägel an seinen Händen sehe und meine Hand nicht in seine Seite lege, glaube ich nicht", brach es aus mir heraus. Die Freunde zuckten die Schultern. Das konnten sie nicht für mich organisieren.

Acht Tage später waren wir wieder zusammen. Da kam Jesus. Er trat in unsere Mitte und sagte: „Friede sei mit euch!" Dann wandte er sich zu mir: „Thomas, streck deine Hand aus und leg sie in meine Seite. Und sei nicht ungläubig, sondern gläubig!" Er war wirklich da. Mitten unter uns. „Mein Herr und mein Gott!", antwortete ich ihm. Jesus sagte zu mir: „Weil du mich gesehen hast, glaubst du. Selig sind, die nicht sehen und doch glauben."

Jesus war einfach unglaublich! Er schimpfte nicht mit mir, weil ich gezweifelt hatte. Er hatte vollstes Verständnis. Und er machte uns allen eine wunderbare Zusage: Es gibt sie, die Chance: nicht zu sehen und doch zu glauben.

Ein Toter, der lebt?! Das ist nicht zu begreifen. Deshalb ist es vollkommen in Ordnung, dass Thomas zweifelt. Er muss seinen Verstand nicht ausschalten und blind alles glauben, was die anderen ihm erzählen. Er darf sich einen Beweis wünschen. Jesus kommt. Er lässt sich sehen. Ob Thomas ihn wirklich berührt hat? Das erzählt die Bibel nicht. Sie erzählt nur, dass sogar einer der engsten Freunde Jesu von Zweifeln geplagt war. Das kann uns Mut machen. Denn, Hand aufs Herz: Wen beschleichen nicht ab und zu Zweifel daran, dass Gott diese Welt wirklich in seinen Händen hält? Wer fühlt sich nicht hin und wieder von Gott verlassen? Wer kann immer felsenfest glauben, dass Gott mitten unter uns ist?

Da tut es gut, zu wissen, dass der Zweifel zum Glauben gehört. Oft führt er sogar dazu, dass wir mehr von Gott verstehen wollen. Ihn spüren, ihn berühren möchten. Der Zweifel kann die Sehnsucht wachhalten, Gott nahe zu sein! Eine riesige Chance für unseren Glauben.

Was Thomas mit dem auferstandenen Jesus erlebt, liest du im Johannesevangelium, Kapitel 20, in den Versen 19 bis 29.

Warten auf Jesus

Jesus, der Auferstandene, hatte seine Freunde nach Galiläa geschickt. Dort, am See Gennesaret, wollte er sich noch einmal mit ihnen treffen. Wann, wo genau und wie, das hatte er ihnen allerdings nicht verraten. Petrus, Nathanael, Johannes, Jakobus, Thomas und zwei weitere Jünger hatten sich tatsächlich auf den Weg gemacht und waren von Jerusalem zum See gewandert. Hier hockten sie nun und warteten auf Jesus.

„Wenn wir hier noch lange herumsitzen, schlage ich Wurzeln." Petrus kann dieses Nichtstun kaum aushalten. Schon wieder ist ein Tag vergangen, und Jesus ist nicht gekommen. Eine harte Geduldsprobe für den Top-Mann unter den Jüngern.

Außerdem plagt Petrus ein schlechtes Gewissen. Da hatte er groß getönt: „Jesus, ich werde immer zu dir halten!" Und dann war er im Garten Getsemani eingeschlafen, als Jesus seine Nähe so dringend brauchte. Aber es kam noch schlimmer: Als sie Jesus gefangen genommen hatten, hatte er drei Mal geleugnet, ihn überhaupt zu kennen! „Ich habe diesen Menschen noch nie gesehen!", hatte er im Brustton der Überzeugung ausgerufen. Beim letzten Mal hatte Jesus ihm dabei direkt in die Augen gesehen. Am liebsten wäre Petrus im Boden versunken. Er war ein elender Feigling. Er hatte seinen besten Freund schändlich verraten. Und dann hatte er keine Chance mehr, Jesus um Verzeihung zu bitten. Die Schuld lastet schwer auf Petrus. Deshalb kann er es kaum erwarten, Jesus zu treffen. Ob er ihm verzeihen kann? Egal. Petrus will ihm wenigstens sagen, dass es ihm furchtbar leid tut.

„Ich halte das nicht mehr aus!" Petrus ist aufgesprungen. „Ich fahre raus zum Fischen. Wer kommt mit?" „Eine gute Idee" – auch Jakobus reckt und streckt sich. „Endlich eine sinnvolle Arbeit."

Die Freunde gehen hinunter zum See. Am Ufer liegt ein Boot. Es gehört Petrus und seinem Bruder Andreas. Sie sind Fischer. Doch seit sie mit Jesus durch das Land zogen, waren sie kaum noch zum Fischen gekommen. „Mensch, war ich lange nicht mehr draußen! Wirklich höchste Zeit." Mit kräftigen Schlägen rudert Petrus das Boot hinaus auf den See. Thomas nickt anerkennend: „Gelernt ist gelernt." Dann werfen die Freunde die Netze aus. Doch als sie den Fang einholen wollen, sind sie fassungslos: Nicht ein einziger Fisch! Inzwischen ist der Morgen angebrochen. Es ist zu spät, um weiter zu fischen. Im Licht und der Wärme ziehen sich die Fische auf den Grund des Sees zurück.

Müde, enttäuscht und traurig rudern sie zum Ufer zurück. Dort steht ein Mann. „Auch das noch", brummt Jakobus. „Der will bestimmt Fische kaufen." Und tatsächlich. „Habt ihr etwas zu essen?", ruft der Fremde ihnen zu. „Nein!", brüllt Petrus zurück. Er hat jetzt echt keine Lust, sich auch noch mit diesem Typen zu befassen. „Werft euer Netz auf der rechten Seite des Bootes aus! Dann werdet ihr etwas fangen", fordert der Fremde sie auf.

Die Freunde schauen sich fragend an. Petrus zuckt die Schultern: „Von mir aus. Versuchen wir es." Sie werfen das Netz aus. Als sie es einholen wollen, ist es voller Fische. Da geht einem von ihnen ein Licht auf. „Es ist der Herr!", ruft er voller Begeisterung. Jesus! Endlich ist er gekommen. Petrus will keine Sekunde länger warten. Er springt über Bord und watet an Land.

Jesus hat ein Feuer angezündet. Er brät einige Fische. „Kommt und esst!", lädt er seine Freunde ein. Nach dem Essen wendet sich Jesus Petrus zu. „Simon Petrus, liebst du mich mehr als die anderen?", fragt er.

Petrus erinnert sich nur zu gut an seine großspurigen Worte vor einigen Wochen. Kleinlaut antwortet er: „Herr, du weißt, dass ich dich gern habe." Jesus beauftragt ihn: „Weide meine Lämmer, Petrus." Und er fragt ihn ein zweites Mal: „Simon Petrus, liebst du mich?" Petrus schluckt schwer. Kein Wunder, dass Jesus ihm nicht mehr glaubt. Zu oft hat er ihn enttäuscht: „Ja, Herr, du weißt, dass ich dich gern habe", antwortet er zaghaft. „Weide meine Schafe, Petrus", erwidert ihm Jesus. Er lächelt Petrus aufmunternd zu. „Petrus, hast du mich gern?", fragt er nun. Petrus schießt die Schamesröte ins Gesicht. Drei Mal hat er Jesus heftig verleugnet. Jesus hat das nicht vergessen. Aber Petrus spürt auch, dass Jesus ihm noch einmal eine Chance gibt. „Herr, du weißt alles. Du weißt, dass ich dich lieb habe", antwortet er Jesus. „Weide meine Schafe, Petrus!", fordert Jesus ihn auf. Petrus versteht: Jesus vergibt ihm. Er erteilt ihm einen wichtigen Auftrag. Er hat eine Aufgabe für ihn.

„Weide meine Lämmer! Weide meine Schafe!" Ja, was jetzt? Soll der Fischer Petrus beruflich umsatteln und Hirte werden? Nein, so hat Jesus das vermutlich nicht gemeint. Wenn Jesus vom Hirten und den Schafen spricht, dann meint er eigentlich Menschen. Lämmer, das sind die Kleinen, die Schwachen und die Hilfsbedürftigen. Menschen, um die man sich besonders kümmern muss. Und die Schafe? Auch Erwachsene und Erfolgreiche, große und starke Menschen brauchen Schutz und Orientierung. Jemanden, der ihnen zuhört, wenn sie in Not sind. Der ihnen den Kopf zurechtrückt, wenn sie auf dem falschen Weg sind. Der sie liebt, wenn alles am Ende zu sein scheint. Das ist der Job der Hirten. So ein Hirte soll Petrus werden. Für alle Menschen, die zu Jesus gehören. Die seine Schafe und Lämmer sind.

Der auferstandene Jesus begegnet seinen Freunden da, wo sie ihn kennenlernten, beim Fischen auf dem See. Die Geschichte kannst du nachlesen im Johannesevangelium, Kapitel 21, in den Versen 1 bis 25.

Eine stürmische Begegnung

Der Heilige Geist erfüllt die Jünger

Geboren und aufgewachsen bin ich in Ägypten. Meine Eltern waren jüdische Kaufleute. Sie hatten sich vor vielen Jahren in Ägypten niedergelassen. Mein Mann ist ebenfalls ein jüdischer Kaufmann. Vor einiger Zeit bin ich mit ihm in die Heimat meiner Eltern, nach Israel, zurückgekehrt. Wir leben in Jerusalem. Hier hatte ich eine stürmische Begegnung.

Die neuen Nachbarn waren wirklich nett. Sie hatten mich herzlich willkommen geheißen. Die Frauen lächelten mir zu, wenn ich ihnen auf der Straße begegnete. Und Rut hatte mir sogar bei der Wäsche geholfen.

Aber Freundinnen hatte ich nicht gefunden. Wie auch? Ich verstand die Frauen nämlich nicht. Ich konnte weder Aramäisch noch Griechisch. Aaron tröstete mich: „Das wird schon. Du lernst das noch." Aber oft hatte ich furchtbares Heimweh.

Vor einigen Tagen hatten wir ein großes Fest in Jerusalem: Schawuot, eines unserer Erntefeste. Aaron war mit den Männern zum Tempel gegangen. Ich hockte allein im Haus. Trübsinnig starrte ich aus dem Fenster.

Viele Menschen eilten vorüber. Es war ein herrlicher Sonnentag. Dennoch schien es sehr windig zu sein. Die Leute hatten ihre Gewänder fest um sich gerafft. Blätter und Sand wirbelten durch die Straße. Keine Wolke stand am Himmel. Aber die Bäume schwankten wie in einem heftigen Sturm. Unheimlich!

Nein! Auf keinen Fall wollte ich länger allein im Haus bleiben. Ich schlug ein Tuch um Kopf und Schultern und eilte hinaus.

Der Menschenstrom erfasste mich und riss mich mit sich. Wir kamen zu einem Platz in der Nähe des Tempels. Dort stand, ein wenig erhöht vor einem Haus, eine Gruppe von Männern und Frauen. Einige erkannte ich wieder. Sie waren mit dem Wanderprediger Jesus von Nazaret durch das Land gezogen. Einige Male war ich ihnen begegnet. Ich mochte Jesus. Leider hatte ich nicht verstehen können, was er sagte, denn er sprach wie alle hier Aramäisch. Aber ich hatte gesehen und erlebt, dass er ein guter Mensch war.

Vor einigen Wochen war er hier in Jerusalem gekreuzigt worden. Ich war empört und unendlich traurig darüber. Und seine Freunde taten mir sehr leid.

Doch jetzt leuchteten die Gesichter der Frauen und Männer. Eine große Freude und Kraft strahlte aus ihnen heraus. Um sie herum war es hell. Ich rieb mir über die Augen. Es schien, als würden Flammen über ihren Köpfen schweben.

Die Männer sprachen und – ich traute meinen Ohren kaum – ich konnte sie verstehen! Sie sprachen Ägyptisch! Und nicht nur das! Jeder hier auf dem Platz hörte sie in seiner Sprache sprechen. Kreter, Araber, Menschen aus Phrygien und Libyen und woher auch immer sie kamen. Der Tumult und die Verwirrung waren unbeschreiblich. Was war mit den Männern und Frauen passiert?

Einer der Männer, offenbar ihr Anführer, ergriff das Wort: „Gott hat Jesus, der gekreuzigt wurde, nicht im Tod gelassen. Er hat ihn auferweckt. Dafür sind wir alle Zeugen. Jesus hat von Gott den Heiligen Geist empfangen. Und jetzt hat er den Heiligen Geist hier über uns ausgegossen. Das könnt ihr alle hören und sehen."

Fasziniert lauschte ich seinen Worten. Und konnte jedes Wort verstehen. „Wenn auch ihr zu Jesus gehören wollt, dann lasst euch taufen! Dann werdet auch ihr die Gabe des Heiligen Geistes empfangen."

Wie gern wollte auch ich dazugehören. Ich musste mit Aaron darüber sprechen. Sofort. Hoffentlich war er inzwischen zu Hause.

3.000 Menschen ließen sich an diesem Tag taufen, so erzählt es die Bibel. Jesu Freunde müssen unglaublich überzeugend gewesen sein. Sie spürten eine gewaltige Kraft in sich, die ihnen Mut machte. Die ihnen die richtigen Worte in den Mund legte. Die Menschen dazu bewegte, sich taufen zu lassen. Die Jüngerinnen und Jünger waren davon überzeugt, dass diese Kraft, dieses Feuer von Gott selbst kommt. Dass Gottes Heiliger Geist sie erfüllte. Viele, die sich taufen ließen, lebten fortan in einer Gemeinschaft. Sie teilten alles, was sie besaßen, beteten zusammen und brachen das Brot, so wie Jesus es getan hatte.

„Sie lobten Gott und waren beim ganzen Volk beliebt", heißt es in der Apostelgeschichte, Kapitel 2, Vers 47. Diese Gemeinschaft geisterfüllter Menschen war der Beginn unserer christlichen Kirchen.

Am Pfingstfest feiern wir, dass Jesus seinen Freunden den Heiligen Geist schenkte. Nachlesen kannst du diese Geschichte in der Apostelgeschichte, Kapitel 2.

Frohe Botschaft für einen Fremden

Ich bin ein wichtiger Mann. Ein reicher Beamter. Ich verwalte den riesigen Schatz der äthiopischen Königin. Für diesen verantwortungsvollen Posten zahle ich einen hohen Preis. Ich habe keine Frau, keine Familie. Ich bin einsam. Doch auf der Suche nach dem Sinn meines Lebens bin ich Gott begegnet.

Ich habe Geld, Einfluss und Macht. Doch ich bin wahrhaftig kein Lebemann. Ich gehöre eher zu der stillen, nachdenklichen Sorte. Große Fragen treiben mich um: Haben die Götter tatsächlich Macht über Wind und Wetter, Tod und Leben? (Genau besehen scheinen sie mir doch eher schwach begabte Erfindungen zu sein!) Was kommt nach dem Leben? Welche Rolle spiele ich im großen Spiel des Lebens?

Oft kommen Reisende an den Hof der Königin: Händler, Forscher, Pilger. Mit ihnen diskutiere ich gern. Lasse mir erzählen von fremden Völkern. Fernen Ländern. Anderen Religionen. So habe ich vom Gott des Volkes Israel gehört. Ein mächtiger Gott, will mir scheinen. Er hat sein Volk aus der Knechtschaft der Ägypter befreit. Ihre Könige hat er erfolgreich durch zahlreiche Schlachten geführt. Propheten sind in seinem Namen aufgetreten. Dieser Gott hat sie persönlich in seinen Dienst gerufen. Das fasziniert mich. Ein Gott, der sich persönlich um die Menschen kümmert.

153

Über diesen Gott wollte ich mehr erfahren. Als mächtiger Beamter habe ich (fast) unbegrenzte Möglichkeiten. So machte ich mich eines Tages auf die Reise ins ferne Israel. Das Zentrum dieses Gottes war der Tempel in Jerusalem. Meine Enttäuschung könnt ihr euch gar nicht vorstellen! Ich durfte den Tempel nicht betreten! Keiner wollte mit mir reden. Mit mir, einem Fremden! Ich flehte sie an, mir von ihrem Gott zu erzählen. Sie behandelten mich wie einen Aussätzigen: Unser Gott und du? Keine Chance.

Ich war geschockt. Beleidigt. Wütend. Traurig. Alles umsonst.

Einzig ein Händler hatte Mitleid mit mir. Er verkaufte mir eine Schriftrolle mit einem Abschnitt aus einem der Propheten-Bücher. „Möge es dir bei deiner Suche eine Hilfe sein", entließ er mich. Schöne Hilfe! Die Worte konnte ich lesen. Immerhin bin ich ein gebildeter Mann. Doch der Sinn blieb mir vollkommen dunkel. „Wie ein Schaf wurde er zum Schlachten geführt; und wie ein Lamm, das verstummt, wenn man es schert, so tat er seinen Mund nicht auf." Laut hatte ich den Text gelesen.

Da sprach mich plötzlich jemand an. Zu Tode erschrocken schaute ich aus meiner Sänfte. Ein Mann lief neben meinem Wagen. „Verstehst du, was du da liest?", fragte er mich. Der hatte Nerven! „Wie könnte ich, wenn mich niemand anleitet?", erwiderte ich ihm. Philippus, so hieß er, bot an, mir die Schrift zu erklären. Ich konnte mein Glück kaum fassen. Begeistert lud ich ihn ein, sich zu mir zu setzen.

Stundenlang erzählte Philippus mir von Jesus, dem Sohn Gottes. Er war gestorben, wie ein Lamm, das zum Schlachten geführt wurde. Von ihm sprach der Prophet. Doch er war auferstanden. Er lebte. Mit glühenden Worten erzählte mir Philippus vom Leben dieses wundersamen Mannes. Von aller Liebe, die er den Menschen gebracht hatte.

Jesus! Er war die Antwort auf all meine Fragen. Er war es, den ich gesucht hatte. Zu ihm wollte ich gehören. Wir kamen an einer Wasserstelle vorbei. „Taufe mich!", bat ich Philippus. Ohne zu zögern kam Philippus meinem Wunsch nach. Wir stiegen ins Wasser, und er taufte mich.

So plötzlich, wie er neben mir aufgetaucht war, war er jetzt verschwunden. Gern hätte ich noch mehr von Jesus gehört. Doch das Wichtigste war geschehen: Ich, der Fremde, der Abgewiesene, gehörte zu Jesus. Voller Freude zog ich heim.

Der äthiopische Schatzmeister hat großes Glück. Er trifft auf einen Menschen, der ihm von Jesus erzählt. Der ihn ansteckt mit der Liebe zu Jesus. Und der ihn aufnimmt in die Gemeinschaft der Kinder Gottes.
Philippus tauft den äthiopischen Schatzmeister. Einen Fremden. Ohne große Umstände. Ohne Paten, ohne Fest, ohne Glaubenszeugnisse. Einfach, weil er sich das wünscht.
Und der Äthiopier? „Er zog voll Freude weiter", sagt die Bibel. So einfach, ansteckend und fröhlich kann Glauben sein.

Wenn du die Geschichte so lesen möchtest, wie sie die Bibel erzählt, schau nach in der Apostelgeschichte, Kapitel 8, in den Versen 26 bis 40.

Rettung im Sturm

Der Apostel Paulus strandet vor der Insel Malta

Regen peitscht über das Schiffsdeck. Der Sturm heult. Wütend rüttelt er an den Masten. Riesige Wellen heben das Schiff in die Höhe, um es im nächsten Augenblick gleich wieder metertief hinabzustürzen. Zitternd vor Angst und Kälte kauern wir im Bauch des großen Schiffes. Ist das unser Ende?

Ich bin ein weitgereister und welterfahrener Mann. Ich hatte den Kapitän gewarnt, so kurz vor den drohenden Winterstürmen noch in See zu stechen. Wir hätten ganz gut den Winter über im sicheren Hafen bleiben können. Doch er wollte nicht auf mich hören. Jetzt war die Not groß. Und doch war ich sicher, dass wir mit dem Leben davonkommen würden.

Woher ich das wusste? Nun, ich habe einen ganz guten Draht nach oben. Jesus selbst hatte mich vor vielen Jahren ein wenig unsanft in seinen Dienst gerufen. Ich war nicht immer ein Freund von ihm gewesen. Im Gegenteil: Ich hatte die Freunde Jesu verfolgt. Sogar dabei mitgeholfen, dass sie getötet wurden. Aber Jesus hatte mich überzeugt: Er ist Gottes Sohn. Und nichts auf dieser Welt kann uns von seiner unermesslichen Liebe trennen: weder Bedrängnis noch Not oder Verfolgung, Hunger oder Kälte, Gefahr oder Schwert. Das ist mein fester Glaube. Und ich bin sicher: Jesus will, dass ich allen Menschen auf der Welt diese frohe Botschaft weitersage. Sie sollen ihn kennenlernen und erleben, wie er ihr Leben reich und hell macht.

Ich muss zugeben: Hier im Bauch des Schiffes war es gerade eher finster. Schon seit Tagen hatten wir weder Sonne noch Sterne gesehen. Die Schiffsausrüstung hatten wir über Bord geworfen, um das Schiff zu erleichtern. Und doch waren wir ein Spielball der Wellen und des Orkans geblieben. Niemand wollte mehr essen. Die Männer hatten mit ihrem Leben abgeschlossen.

Da trat ich vor sie hin. Ich bin eher ein etwas schmächtiger Mann. Doch Gott gab meiner Stimme Kraft und Stärke: „Ihr Männer", rief ich ihnen zu. „Verliert nicht den Mut! Niemand von euch wird sein Leben verlieren. Allerdings wird das Schiff tatsächlich noch untergehen. In der Nacht war ein Engel Gottes bei mir. Er sagte: Fürchte dich nicht! Du wirst vor den Kaiser treten. Und Gott hat dir alle geschenkt, die hier mit dir fahren. Habt also Mut, Männer! Ich vertraue fest auf meinen Gott. Allerdings werden wir wohl noch stranden."

Natürlich waren die Männer skeptisch. Einige hielten mich für einen frommen Spinner. Andere für einen Aufschneider. Und doch hatten meine Worte ihnen Hoffnung gegeben. 14 Nächte trieben wir schon hilflos auf dem Meer, da merkten die Matrosen, dass wir uns Land näherten. In der Dunkelheit der Nacht war die Gefahr groß, auf Klippen aufzulaufen. Deshalb wurden vier Anker ausgeworfen. Sehnsüchtig erwarteten wir das Licht des Morgens. Sollte unsere Rettung so nahe sein?

Und tatsächlich. Im fahlen Licht des Morgens konnten wir eine Bucht ausmachen. Dort wollten wir das Schiff vorsichtig auflaufen lassen. Die Anker wurden gekappt. Das Vorsegel gehisst. Mit dem Wind hielten wir auf den Strand zu. Voller Hoffnung fieberten wir dem Land entgegen. Doch da passierte es.

Ein furchtbarer Ruck erschütterte das ganze Schiff. Wir stürzten zu Boden, rutschten haltlos über die Planken. Ich rappelte mich gerade auf, da ertönte vom

Heck her ein ohrenbetäubendes Krachen. Das Schiff war auf eine Sandbank aufgelaufen und brach auseinander. Schreie um mich herum. Todesangst und Verzweiflung. Wir sprangen über Bord. Wer schwimmen konnte, versuchte das ferne Ufer zu erreichen. Wer nicht schwimmen konnte, klammerte sich an herumtreibende Schiffstrümmer. Mein letzter Gedanke in all dem Grauen um mich herum war: Gott ist treu. Er wird uns nicht verlassen.

Dann schwanden meine Sinne.

Als ich wieder zu mir kam, lag ich am Strand. Freundliche Menschen halfen mir auf, hüllten mich in eine warme Decke und gaben mir etwas zu trinken. Ich blickte mich um. Überall sah ich meine Mitreisenden. Einige wurden von den Einheimischen aus dem Wasser gezogen. Andere saßen bereits an einem wärmenden Feuer. Alle 276 Menschen vom Schiff waren gerettet worden.

Der Mann, von dem die Geschichte erzählt, hieß Paulus. Er war ein sehr unbequemer Mensch. Er hatte ziemlich extreme Ansichten, war streitlustig und sehr temperamentvoll. So ein Mann macht sich natürlich nicht gerade beliebt. Er wurde beschimpft und verfolgt, gefangen genommen und bei Nacht und Nebel befreit.

Aber er hatte auch viele gute Freunde, die dankbar waren, dass er ihnen von Jesus erzählte. Unermüdlich war er unterwegs. Er gründete viele Gemeinden und wurde um Rat und Hilfe gebeten.

Die spannenden Erlebnisse des Mannes kannst du nachlesen in der Apostelgeschichte. Die Geschichte vom Schiffbruch findest du im Kapitel 27 in den Versen 14 bis 44.

Monika Schell

ist Redakteurin bei der Weiten Welt, dem Kindermagazin der Steyler Missionare; Theologin; Ehe-, Familien- und Lebensberaterin; Master of Counseling; Studium in Bonn und Rom; lebt mit ihrem Mann und ihren beiden Kindern in Köln. Hobbies: mit Menschen zusammen sein, Gartenarbeit, Kochen, Singen und natürlich Lesen.

Harald Schröder

hat Design in Aachen studiert und arbeitet seit 1995 als Comic- und Trickfilmzeichner unter dem Namen HARRYTOON. Neben seinen Arbeiten für das Fernsehen („Quarks und Co" im WDR, „Meine Freundin Conni" im KIKA) zeichnet er schon seit über 15 Jahren für die Weite Welt, das Kindermagazin der Steyler Missionare, die Comics und bildet mit Monika Schell ein eingespieltes Team bei der Umsetzung ihrer Serie „Glaub's ruhig".